王伟光 著

马克思主义学习文稿

中国社会科学出版社

图书在版编目（CIP）数据

马克思主义学习文稿／王伟光著．—北京：中国社会科学出版社，2017.5（2019.3重印）

ISBN 978 – 7 – 5161 – 9911 – 4

Ⅰ．①马…　Ⅱ．①王…　Ⅲ．①马克思主义—研究　Ⅳ．①A81

中国版本图书馆 CIP 数据核字（2017）第 033226 号

出　版　人	赵剑英
责任编辑	仲　欣
责任校对	韩天炜
责任印制	王　超

出　　　版	中国社会科学出版社
社　　　址	北京鼓楼西大街甲 158 号
邮　　　编	100720
网　　　址	http://www.csspw.cn
发　行　部	010 – 84083685
门　市　部	010 – 84029450
经　　　销	新华书店及其他书店

印刷装订	北京君升印刷有限公司
版　　　次	2017 年 5 月第 1 版
印　　　次	2019 年 3 月第 2 次印刷

开　　　本	710 × 1000　1/16
印　　　张	15.5
插　　　页	2
字　　　数	195 千字
定　　　价	68.00 元

凡购买中国社会科学出版社图书，如有质量问题请与本社营销中心联系调换

电话：010 – 84083683

前　　言

　　本文集收录的是我 2007 年年底到中国社会科学院任职以来关于加强马克思主义学习的一些文稿。其中，大部分是自 2011 年以来我在所局级主要领导干部马克思主义著作读书班上的动员报告；一部分是对理论骨干、青年同志、马克思主义博士研究生的讲话稿；一部分是在一些会议上的讲演稿；还有一部分是业已发表的文章。这些文稿集中论述了学习、掌握马克思主义的极端重要性和必要性，回答了为什么学习马克思主义、学什么、怎么学这三个问题，强调了"真学、真懂、真信、真用"马克思主义的四句"真言"。这是我几十年来学习马克思主义的经验体会，也是我对党、国家和人民的前途命运所系的深刻感悟，更是我对社会主义、共产主义的坚定信仰，对中国共产党、对中国工人阶级和人民群众的赤诚之心的理论表白。因绝大多数文稿是讲话后根据录音整理出来的，偏口语化一些，不尽严谨，有误之处，敬请读者指正。

王伟光

2017 年 2 月 5 日

目　　录

要树立远大的理想、坚定的信念和 正确的事业心[*]

（2008 年 7 月 17 日）

今天，我院第三期青年骨干读书班开班了。这期读书班主要围绕改革开放 30 年来的伟大实践与中国特色社会主义理论体系的形成和发展开展读书和研讨活动。院党组和陈奎元同志对我院青年工作高度重视，对全院青年寄予厚望，非常关心和爱护青年同志，采取了不少行之有效的措施，改进青年的工作环境和条件。此次读书班的开办，是落实院党组关于加强和改进青年工作指示的一项重要举措，对于我院青年科研和管理骨干学习马克思主义基本理论和马克思主义中国化最新成果，提高理论素养和政治素质，坚定理想信念，开拓思路，拓展视野，增强用马克思主义的立场、观点、方法指导科研及各项工作的自觉性，具有重要的作用。借这次读书班的机会，我代表党组讲几点意见，主要讲三个问题。

第一个问题，青年人要把事业放在第一位

参加读书班的同志都是来自我院科研第一线的青年骨干和其他

* 本文系作者在 2008 年 7 月 17 日第三期青年骨干马克思主义著作读书班上的讲话。原载中国社会科学院机关院党委《社科党建》2008 年第 8 期。

各个领域的青年骨干。从大的方面来讲，党和国家对青年人的发展寄予了厚望；从小的方面讲，具体到我院，党组和陈奎元同志也对我院青年寄予厚望。哲学社会科学的繁荣发展，中国社会科学院的繁荣发展，都寄托在我院青年同志身上，也压在青年同志的肩上。我也是从青年走过来的，我刚刚走上工作岗位的时候，单位领导就给我们念毛主席语录："世界是你们的，也是我们的，但是归根结底是你们的。你们青年人朝气蓬勃，正在兴旺时期，好像早晨八、九点钟的太阳，希望寄托在你们身上"以激励我们。

我们年轻的时候把这条语录背得滚瓜烂熟，牢记于心。我读中学时正值"文化大革命"，虽然书读不下去了，但不管走到哪里、碰到什么困难，这条语录始终激励着我们向前、向上。这是毛泽东同志 1957 年 11 月在莫斯科接见当时在苏联的中国留学生代表时讲的。这段话集中代表了老一辈革命家对青年人的希望。当然，这段话也能集中代表党组和奎元同志对全院青年同志的厚望。今天我把这段话送给大家，希望同志们能理解这段话的深刻含义。老一辈革命家、党和国家这样重视我们青年同志，那么我们青年人应该怎样办？我想，作为一个青年人，最重要的是树立事业心，事业第一。要有强烈的使命感和责任感，把事业放在第一位。年轻人如果没有事业心，也就没有上进心，也就不能严格约束自己和要求自己，在前进的道路上也就没有动力。事业心，从某种意义上讲，就是理想和信念，就是使命意识和责任意识。有没有事业心，是看一个青年同志有没有上进心、有没有政治方向、有没有干劲的关键，也决定了一个青年同志在未来的发展道路上，能不能尽快地成长起来，真正为党和人民、为哲学社会科学事业、为中国特色社会主义事业多做一些事情。我这里所讲的事业心，有两个方面的意思。首先要有远大的事业心，就是大事业心。大事业心，就是为中国特色社会主义事业的发展贡献自己一生的大事业心。这个事业心决定了我们青年人未来的成长方向。再一个，要有小事业心，什么叫小事业心呢？大事业心不是空的，它必然要落实在我们所担负的具体工作责任上。具体到我院，我们所担负的任务是繁荣发展中国的哲学社会科学，把中国社会科学院的事情办好。这次党的十七大报告中关于哲学社会科学发展的部分是历次党代会用笔最多、着墨最多、要求最具体的一次，提出要推进学科体系、学术观点、科研方法创新，鼓励哲学社会科学为党和人民事业发挥思想库作用，推动我国哲学社会科学优秀成果和优秀人才走向世界。我们在座的有直接从事哲学社会科学研究工作的，也有间接从事哲学社会科学研究工作的。从小事业心上讲，应该把哲学社会科学事业，把自己所从事的那个研究和那份工作做好。大事业心和小事业心是一致的。没有大事业心，就缺乏正确的政治方向，小事业心就会变成纯粹私人的；如果没有小事业心，大事业心也就成了空的，成为只讲空话不办实事。这两个事业心是一致的。

现在的青年同志生长在、工作在共和国最好的时期。为什么说是最好的时期呢？第一，吃、喝、住这些基本生活条件不愁。第二，只要努力学习，就会有学上。第三，有一个很好的工作条件。现在正处于共和国发展最快的时期，经济、政治和文化都处于最快的发展时期。我们这个年龄的人非常羡慕你们青年人生活的这个年代。当然我们也有幸福的童年，但也饿过肚子。我们长身体的时候，正是国家粮食最匮乏的时期。那时候我们最大的愿望就是能吃一顿饱饭，能吃一顿肥肉，能多吃点糖果。粮食是定量的，肉吃不上，糖还限量供应。我们那时没有人不穿打补丁的衣服。我读中学时正赶上"文革"，被剥夺了读书学习的机会。在"文革"后期我上山下乡，到黑龙江建设兵团锻炼，一去就是 10 年。可以说，在我们最需要母爱的时候，离开了父母；在最需要营养长身体的时候，吃不饱饭，而且还要担负极其繁重的任务，种地、打石头、伐木、脱坯、盖房子、放牛、放马、养鸡、喂羊、烧酒、做豆腐，什么都干过。我这10年基本是体力劳动的10年。然而正是这10年，极大地锻炼了我，我在一篇回忆录里说："春渡北大荒，无悔无怨。"邓小平同志搞改革开放，恢复了高考，我才有机会重新走进校门。

我们那时为什么能够坚持下来，因为有一个信念，就是毛泽东同志所说的：青年人朝气蓬勃，希望寄托在你们身上。正是在那种条件下，我坚持学习，在很艰难的条件下能够坚持下来，关键是有信心。所以我希望青年同志要树立事业心，树立远大的理想和坚定的信念。可以说，有没有事业心、有没有理想、有没有信念，决定了一个人一生的道路。

大家要多看看马克思、恩格斯、列宁、毛泽东、周恩来等伟人的传记，这些人之所以能成为伟人，是因为他们从年轻时直至一生，都有事业心在支持他们。"不想当将军的士兵不是好士兵"，这句话是说士兵要有事业心。当然，不是所有的士兵都能当上将军。这句话揭示了一个道理，就是年轻人首先要树立事业心，树立一个远大的理想。但远大理想不是当官的理想，而是做事的理想。正确的事业心来源于正确的世界观、人生观和价值观。有没有正确的事业心，能不能有远大的理想和坚定的信念，关键是树立正确的世界观、人生观和价值观。

什么叫世界观，就是人对世界的总体看法。马克思主义的世界观，就是要把人类的解放作为自己所追求的事业，这种世界观建立在马克思主义关于世界是物质的、物质是运动变化的、变化是有规律的辩证唯物主义原理之上，建立在资本主义必然灭亡、社会主义必然到来的历史唯物主义原理之上，即建立在对人类社会发展规律的科学认识之上。有了这种深刻认识，就可以科学把握人类解放的规律，在今天就可以把未来共产主义和当前中国特色社会主义事业作为我们追求的伟大事业。有了正确的世界观，就能正确对待人生。世界观决定了人生观，人生观决定了价值观。科学的价值观，首先是一个人活着对社会要有用，有利于社会，有利于人民，有利于国家，有利于民族。这种价值观建立在个人价值与社会价值统一之上，个人只有对社会做出贡献，才能实现个人价值，这是正确的价值观。

我们上大学时，大学校园里最时髦的是萨特的存在主义。这种世界观把人的存在作为第一性的，这是唯心主义的。因为如果没有自然和物质的存在，就谈不上人的存在，孤立、抽象的人的存在是没有的。这种世界观决定了资产阶级的人生观、价值观。科学的价值观既承认社会价值，同时又承认每个人的个人价值，认为个人价值是在社会价值实现的过程中体现出来的。单纯追求个人价值，就是极端个人主义。只有把个人价值和社会价值结合在一起，才能实现个人价值。

比如说，作为科研人员，个人价值就体现在对本学科的刻苦钻研，体现在为本学科发展做出贡献上。我院历史上的大家正因为实现了社会价值，所以才都实现了个人价值，如历史学界的一些著名大家郭沫若、范文澜、陈垣、向达、吕振羽、侯外庐、尹达等。我院许多研究所都挂着本所的大家的照片，虽然这些人中有的已经不在了，但他们的照片却依旧挂在墙上，著作依旧被后人提及。我们一讲到中国学界的老前辈，就会提到这些人，他们的个人价值得到了充分的体现。但他们个人价值的实现都建立在社会价值之上，他们对中国哲学社会科学事业、对马克思主义哲学社会科学研究做出了贡献，实现了他们的社会价值，同时，个人价值也得到了实现。

现在一些青年人出现颓废、犯罪现象，与单纯追求个人价值、不讲社会价值有关。所以，正确的世界观决定了正确的价值观，正确的价值观决定了要树立什么样的事业心。现在有的青年人说："我没有什么追求，只追求一个字：钱，把钱赚得越多越好。"这种思想虽然在社科院比较少，但也有。为了钱出卖情报的也有。这样，他不仅个人价值没有实现，而且社会价值也没有实现。所以我觉得树立正确的事业心最重要的是树立正确的世界观、人生观和价值观，这"三观"的树立靠学习，向书本学、向实践学、向先进人物学，靠后天的培养。所以读书和学习对青年人非常重要。

第二个问题，树立正确的学习观

正确的世界观、人生观和价值观，先天是不可能得到的，只能靠后天。后天靠什么，就是学习。学习有两种：一种是主动学习，去向社会学习、向书本学习、向实践学习、向群众学习，这是一种主动学习。另一种学习就是被动的受教育。列宁说，"阶级政治意识只能从外面灌输给工人，即只能从经济斗争外面……灌输给工人"[①]，就是说正确的理论需要先进的知识分子从外部灌输。对青年人来讲，这种学习教育也非常重要。古人云：养不教，父之过。也就是说正确的思想是通过后天教育得到的，首先是家庭教育，接着是幼儿教育、中学教育、大学教育以及社会教育。教育使人们知道什么是正确的，什么是错误的；什么是真的，什么是假的；什么善的，什么是恶的；什么是美的，什么是丑的……学习是逐步从被动

---

① 《列宁全集》第6卷，人民出版社1986年版，第76页。

性教育走向主动性教育的发展过程，也就是培养自身主动学习的过程。我们走上工作岗位，一方面靠外部教育学习，但更重要的是自己主动学习。

学习也有一个树立正确的学习观的问题，树立什么样的学习观指导我们的学习非常重要。树立正确的学习观，一定要搞清楚四个问题：学习的本质是什么？学习的目的是什么？学风是什么？学习的方法是什么？

首先我们讲关于学习的本质。什么叫学习？中国汉字，字字都有道理，"学"加"习"就是学习。"学"是什么？"学"就是去认识和把握客观事物。这种"学"有两个方面：一是向书本学习，把已有知识吸收过来，就可以对客观事物进行正确认识；二是向实践学习，边干边学，在干中学，有些实践中的知识，光去读书是得不到的。比如游泳，即便在岸上把游泳的姿势背得滚瓜烂熟，一字不差，到了水里照样呛水，根本游不起来。学是一个方面，"习"也是一个方面，"习"包括经常复习，也包括深入实践。

从哲学上讲，学习的本质就是人对客观世界所固有的客观规律的认识和把握，人对客观事物发展规律的认识和把握过程就是人的学习活动。在这里，人是认识和实践的主体，人认识和实践的对象就是客体，学习就是主体对客体规律的认识和把握。对客观规律的认识和把握，积累起来，系统化、理性化了，就是知识。所以学习在某种意义上，就是学习知识。

毛泽东同志说过："什么是知识？自从有阶级的社会存在以来，世界上的知识只有两门，一门叫做生产斗争知识，一门叫做阶级斗争知识。自然科学、社会科学，就是这两门知识的结晶，哲学则是关于自然知识和社会知识的概括和总结。"知识还可以分成书本知识和实践知识。我们很多时候是从书本上得到知识，如我们学的物理学、生物学、化学、数学等，这都是前人对客观事物总结所得出的知识化、系统化的知识。再一个知识是实践知识。毛泽东同志还说："有两种不完全的知识，一种是现成书本上的知识，一种是偏于感性和局部的知识，这二者都有片面性。只有使二者互相结合，才会产生好的比较完全的知识。"书本知识最终也来自实践。就一个人来讲，什么叫大知识分子？大知识分子就是既有实践知识又有书本知识。所以，学习就是既要向书本学习，又要向实践学习。

我院的研究人员，既要学习、研究书本，同时还要研究实践、研究社会。我们进行的社会调查、国情调研，就是要达到这个目的。所以奎元同志讲，党组安排国情调研，第一个着眼点就是让科研人员接触社会实践，第二个才是研究问题。我们青年科研人员，在对本学科的知识进行学习和研究的同时，必须去研究社会。社会学的老前辈费孝通先生创立的中国社会学之所以成功，最重要的是搞乡村调研。哲学社会科学研究离不开社会实践。因此，我今天给大家讲学习的本质，并不是讲哲学道理，而是要大家加强两个学习：一个是实践学习，一个是书本学习。现在我们缺乏的是向实践学习。我们好多青年人出了家门进校门，出了校门进院门，不了解社会这个大学校到底是怎么回事。

给我印象最深的苏联作家高尔基，他有三部曲：《童年》《在人间》《我的大学》。他本身是穷孩子出身，没有上过学，他的知识从哪里来？他的作品从哪里来？主要从社会生活实践中来，高尔基的书我看过很多遍。我在黑龙江建设兵团的时候，晚上吃过饭，剩下的时间就是读书。那时没有卡拉 OK，没有保龄球，也不像现在社会应酬这么多，所以时间主要放在书本上。古人讲，书中自有千钟粟，书中自有黄金屋，书中自有颜如玉。这从一个侧面说明读书可以代替很多东西。所以青年同志还是要多向书本学习，特别是要多向社会学习。没有社会实践，书本上的知识也理解不深。

其次，关于学习的目的。学习的目的是什么？学习只有一个目的，就是认识世界和改造世界。认识世界的目的就是为了改造世界。毛泽东同志说过，学习的目的是为了应用。他在延安整风时指出，"对于马克思主义的理论，要能够精通它、应用它，精通的目的全在于应用"①，提出学习要"有的放矢"。我们今天号召大家学习的目的就是认识世界和改造世界。所谓认识世界，就是让我们的主观世界符合客观世界。如研究社会学，就是运用正确的观点和方法研究社会上所出现的各种社会问题及其发生、发展的规律和本质。这种认识世界的目的就是为了改造世界。我院作为党和国家重要的思想库、智囊团，要通过科学研究来认识世界发展规律，从而提出对策，这就是认识世界、改造世界。即使再久远、再深奥的学问，归根结底也是为了认识世界和改造世界。

再次，关于学风问题。搞清楚了学习的本质、学习的目的，学风问题也就提出来了。什么叫学风？学风问题说到底，就是对待学习的根本态度。我们所提倡的学风就是实事求是、理论联系实际，特别是"实事求是"四个字。什么叫"实事求是"？就是按照事物的本来面貌来认识、求得事物的真实的客观规律，也就是求真务实。这种学风决定了我们做学问能不能严谨扎实、研究问题能不能严谨扎实。现在学术界有几种不好的学风，比如抄袭，这就是一种不好的学风。再一种是"假大空"，脱离实际，不解决问题，华而不实，这也不是求真务实的学风。所以我们在学习过程中，一定要树立良好的学风。

最后，关于学习的方法。学风问题决定学习方法，坚持什么样

---

① 《毛泽东选集》第 3 卷，人民出版社 1991 年版，第 815 页。

的学风，有什么样的学习目的，也就有什么样的学习方法。毛泽东同志讲，"读书是学习，使用也是学习"。学习方法有两种：一种是读书。到了我们这个年龄，听别人讲是第二位的，自己读书是第一位的，主要是自己去研究问题、自己去理解。杜甫讲"读书破万卷，下笔如有神"。不读万卷书，笔没法下，我们做学问最重要的基础就是读书。我们现在有些做学问的不读书，除了"假大空"，就是抄别人的。到现在为止，我都对自己有严格的读书要求。我看书用老花镜，所以在家里配了好几个老花镜，分别放在饭桌、书房、卧室等地方，利用一切空余时间来读书。当然读书也要有选择，要读比较适合自己，自己也比较需要的书。读书有一个重要的方法，就是做笔记，要做眉批，把它写出来。古人讲"好记性不如烂笔头"，就是说记性再好也要写出来。"读书先从识字起。"读书一定要一个字一个字地读，不要囫囵吞枣，要把每个字的意思搞清楚。读书也是学字的时候。首先在读书时有生字，就要查字典。直到现在我还把上小学时母亲给我买的《新华字典》带在身边。我看一篇文章，包括有时看人名，不认识的，就要查字典。所以，读书必须要求真务实。读书是一种学习，实践是一种更重要的学习。社会是个大学堂，人民群众是老师，所以要向社会学习。要研究社会上出现的新动向，如报纸杂志、网络媒体上出现的新动向。所以一定要有正确的学习观，树立正确的学习目的和学风，运用正确的学习方法。

无论研究什么问题、从事什么工作，我建议大家都学点哲学，因为哲学是解决思想方法问题、解决立场观点问题的学问。陈云有句话叫"学好哲学，终身受用"。哲学是根本思维方式问题，邓小平没有一本著作是专门的哲学书，但邓小平的每一篇文章都渗透了非常深刻的、非常聪慧的哲学思想。邓小平讲的话都很有新意，也很深刻。如邓小平讲，发展才是硬道理，这句话包含了哲学思维，这是一个非常深刻的哲学发展观念，我们再怎么讲也超不过这句话。哲学最根本的道理是世界是物质的，物质是运动的，没有任何事物完全静止，一切事物都是发展变化的。但变化不等于发展，向前的、向上的才叫发展，倒退不叫发展，所以邓小平讲发展才是硬道理，从哲学上讲，是完全站得住脚的。作为社会运动来讲，生产力向前发展就是硬道理，邓小平讲科技是第一生产力，这都具有深刻的哲学思维。哲学是使人站得高、看得透的学问。真正把哲学思维掌握了，认识所有的问题就有了正确的世界观和方法论作指导。唐朝诗人王之涣写过一首诗叫《登鹳雀楼》："白日依山尽，黄河入海流。欲穷千里目，更上一层楼。"毛泽东同志非常喜欢这首诗，先后临摹了七遍。他在延安组织哲学学习小组的时候，就用这首诗告诉大家学哲学的重要性。毛泽东同志讲，我们的眼力不够，需要借助于政治上的望远镜和显微镜，有了望远镜就看得很远，有了显微镜就看到事物现象背后的本质。这种政治上的望远镜和显微镜就是哲学的世界观和方法论。有了这种哲学的世界观和方法论，就可以像王之涣诗中所说的"欲穷千里目，更上一层楼"。要想看得更远、看得更深、看得更透，就要再高一点。思维方法论在哪里，就在哲学。所以希望大家无论研究什么学问、无论从事什么工作，都要学点哲学。

第三个问题，关于社科院的工作

我想谈一谈基本思路和想法。中央要求把我院建设成为马克思主义的坚强阵地，建设成为我国哲学社会科学研究的最高殿堂，建设成为党和国家重要的思想库和智囊团，这是对我院广大干部职工的充分信赖，是对我院工作的更高要求。根据十七大精神和中央要求，今年院工作会议对全院工作进行了部署。其中最核心的就是实施科研强院和人才强院战略。科研强院的关键是出精品，出经得起时间检验和实践考验的精品力作。我院的工作成绩主要体现在科研成果上，我院科研成果在量上没问题，关键是质量。古人是很注重质量的。《唐诗三百首》就是精华，唐人有多少诗，仅从文献上能查到的就有几万首，但古人就把唐诗精编成三百首，这就是精品。清人所编著的《古文观止》，一共才有多少篇文章，这就是精品力作。人才强院的关键是出人才，出的人才不是一般人才，而是拔尖人才。

为了实现科研强院和人才强院战略，我们提出"以改革为中心，狠抓三大任务，全面推进六大建设"。"以改革为中心"，就是我院必须改革。改革包括两个方面：第一个方面的改革是哲学社会科学创新体系的改革和创新，包括学术观点、学术体系和科研方法改革创新。当然这个改革任务很重，要让一个学科和学术体系创新不是一两天就能办到的。第二个方面的改革就是管理体制和机制的改革。如科研管理、人才管理、财务管理、图书馆管理等方面的体制和机制的改革。所有这些改革都是为哲学社会科学创新体系改革服务，如果没有这些改革，我们的创新体系恐怕就难以实现。管理体制、机制改革的核心就是优化资源配置，对科研发展和人才发展所需要的资源进行配置，如经费的配置、房屋的分配等，都是资源配置。在同样的条件下，如果资源配置合理了，同样的产出就会产生不同的效果。所以我院要推进管理体制、机制改革，要求职能部门拿出改革方案，解决行政部门为科研服务的问题。科研是我们第一项工作。我们的机关工作要树立为科研服务的宗旨，提高为科研服务的效率，全心全意为科研人员服务，全心全意为科研人员排忧解难，使大家全身心投入到科研工作中去。"狠抓三大任务"，这三大任务都是硬件建设。我来院之后去过所有研究所。我感觉第一个大问题就是住房问题，必须全力以赴加以解决。现在住房问题经过半年努力，已经得到初步解决。首先我们从北京市争取到"两限房"，凡是符合"两限房"条件的青年同志都可以解决。这个"两限房"是长效机制，以后每年符合条件的都可以解决。"两限房"解决后，我们又从国务院请求了一批经济适用房，先用于解决引进人才的住房问题。这样，"两限房"和经济适用房每年都给我们，就可以解决一些住房问题了。另外，我们在燕郊已经争取到了1000套低价商品房。住房问题如果按照这个速度的话，是有希望解决的。第二个是要建研究生院新校区。到明年年底，科研大楼、办公大楼、图书馆大楼都能够建成，届时占地600亩的研究生院新址就可以招生4000人以上。第三个是贡院东街科研大楼项目也在紧锣密鼓地向前推进。当然，这三大任务中还有很多具体的工作要做。另外，还要全面推进六大战略，等等。总之，我院的发展还是很有希望的，大家在这里工作是很有前途的。

这就是今天我讲的三个问题。最后提几点希望，希望同志们端正学习态度，认真读书学习，充分展开交流，争取在学习中取得更大收获。

要当一个真正的读书人[*]

——在青年工作交流会上的讲话

（2009 年 7 月 15 日）

今天召开全院青年工作交流会，刚才六位同志分别介绍了所在单位的青年工作经验，都很有特点。如马研院组织青年学者阅读马克思主义经典著作的经验，哲学所着力解决青年人的生活待遇特别是住房问题的措施和做法，法学所党组织重视对青年工作的领导的经验，文学所努力创造和谐、健康、活泼向上的青年成长环境，工业经济研究所为青年科研人员提供发展平台，社科文献出版社在做好青年工作中积极发挥共青团的作用，等等。六个单位做好青年工作的经验很值得在全院推广。在这里，我讲三点意见。

一　要高度重视青年人才的培养工作

现在我院 45 岁以下青年的比例越来越大，如马研院已经占总人数的 68%，有的所占了一半以上，有的所占了 1/3。青年骨干已经成为我院科研和管理等各个岗位的生力军，加强青年骨干队伍的培养是院党组的一项战略任务，党组和奎元同志对此高度重视。

---

　　* 本文系作者 2009 年在青年工作交流会上的讲话。原载中国社会科学院机关党委《社科党建》2009 年第 8 期。

2007 年，院青年中心组织开展的"青年学者与学部委员交谈活动"，并编辑出版了《学问有道——学部委员访谈录》，就是在奎元同志的亲自关心和倡导下举办的一件有战略性意义的事情。近年来，直属机关党委按照党组和奎元同志的指示要求认真抓落实，在组织开展一系列全院性的青年活动方面做了大量工作，取得了很好的效果。我在这里向青年同志们表个态，党组高度重视青年学者和青年骨干的培养，也希望各单位党组织和领导班子高度重视青年工作，加强青年学者和骨干的培养，要把它列入本单位党委工作和行政工作的重要议事日程，定期研究青年工作，定期分析青年学者和青年骨干的成长问题，正视他们面临的困难，想方设法解决他们在工作上、科研上、生活上的困难，创造条件使他们尽快成长成才。

首先，要在政治上高度重视青年人才。社科院未来的战略发展关键是青年人的培养。在政治上要信任青年、培养青年，要大胆选拔和任用他们，使我们的青年骨干能够脱颖而出。在研究室一级，要大量培养青年学者担任研究室领导；在处级和局级领导岗位也要大胆选拔任用优秀青年干部。在发展党员方面也要注重发展青年同志入党，重视在青年研究人员特别是青年科研骨干中发展党员。在这方面，直属机关党委、院属各单位党委和共青团组织有责任向党组推荐优秀青年骨干。

其次，要在业务上认真培养青年人才。青年学者正处在学术上的积累期，也是学术上的成长期和发展期。在这方面要加大培养力度，创造一切条件让青年学者安心工作。最近，我院专门出台了青年学者资助计划，主要是针对青年科研人员。青年同志来社科院的时间比较短，职称比较低，在现行课题制的申报过程中，他们能得到的科研资源受到局限，正因为如此，院里出台了专项政策，对青年学者加大资助力度，各所要认真贯彻执行。

　　再次，要在工作上放手使用青年人才。无论是科研工作还是管理工作的各个方面，都要让青年同志上手，使他们尽快成长成才。例如，组织课题组要吸收青年学者参加，在让他们参与课题组辅助性工作的同时，也让他们参与课题的主要研究工作，让他们在老同志的指导下参与研究，让他们在老同志言传身教的帮助下，尽快掌握课题研究的基本程序和主要方法，使他们尽快进入科研工作的"快车道"。在科研辅助和管理工作岗位，也要大胆地把青年同志推到第一线，让他们经受锻炼和考验，因人施教，因才施用，发挥作用。

　　最后，要在生活上关心和爱护青年人才。我院工作人员的办公条件和收入、住房等各项待遇不尽如人意，与其他国家机关和高校相比有一定差距。院党组非常关心和理解青年同志的困难，并且有决心帮助青年同志解决面临的切身困难。最近一年多来，我们在奎元同志的领导下加大了全院住房问题的解决力度，建立了解决青年人申请经济适用房和"两限房"的长效机制，只要符合条件，大多数人当年都可以解决住房问题。各所也采取了很多积极措施，例如，哲学所筹集45万元建立了青年购房首期付款借助基金，就是一项很好的配套措施。今年，我们要进一步加大解决全院青年同志住房困难的力度，还要出台新的办法和解决措施。在工资改革至今没有完全到位造成我院干部职工收入偏低的情况下，党组还要千方百计增加科研津贴和管理津贴，部分改善收入待遇偏低的问题。虽然钱不是很多，但全院在职人员加上离退休人员共7000多人，每个人增加太多也不可能。我院不是生产单位，也不是银行，没有更多的资金来源，我们是全额拨款单位，是专门花钱的地方。尽管如此，党组正在想方设法解决这个问题，体现了党组对全院干部职工的亲切关怀。

政治上重视、业务上培养、工作上使用、生活上关心，党组就是按照这四个要求，在各方面关心和培养青年人才，使他们在社科院能够安心工作。各单位领导同志也要按照这个要求做好本单位的青年工作。

二　青年人要有理想、有志向，立志做大事

在这里我为什么要提倡青年人做大事？市场经济大潮推动我国经济快速发展，财富积累增加，生产力高速发展，人民生活水平不断提高。市场经济有好的一面，也有不尽如人意的一面，那就是金钱的诱惑力越来越大，各种各样的金钱陷阱越来越多。领导干部面对经济大潮要经得住腐败贿赂的考验，青年学者立志做学问也要经得起市场经济尤其是金钱的诱惑。钱是必要的，没有钱就没法过日子，但是不能过于看重钱，成为金钱的奴隶和俘虏。青年同志要立志，首先要立做大事的志，而不能立做大官、挣大钱的志。青年学者立大志就要立做学问的大志，立做学问大师的志。青年学者既然选择了做学问，各级组织和领导班子就要尽量保证青年学者做学问必要的工作和生活条件，同时，青年学者自己也要克服诱惑，静下心来认真做学问。做学问需要一种牺牲精神，人家出去游玩、唱卡拉 OK 等，你却要拿出时间去看书；人家逛街、买衣服，你却要在家研读经典著作……我也是从年轻时过来的，从读大学、研究生一步步走过来的。回想自己的成长过程，经验之一就是，所有年轻人想"做"的事情不一定都去做，玩的时间尽可能少一点，把精力放在做学问上。"十年磨一剑"，"坐得冷板凳"，这是许多有成就的前辈学者的经验之谈。

青年学者要立志做大事，不是为了当大官、挣大钱，而是要当

大学问家，要做大学问，要为社会主义文化建设做贡献，为中国特色社会主义事业做贡献。青年同志一定要树立这样的理想和志向。毛泽东曾举了历史上很多年轻人做大事的例子，其中讲到《三国演义》的赤壁之战，诸葛亮用计"草船借箭"时，才 27 岁；甘罗拜相时，12 岁；马克思、恩格斯写《共产党宣言》的时候分别是 30 岁和 28 岁；列宁写《国家与革命》的时候也不过 47 岁。今年是新中国成立 60 周年，共和国的缔造者毛泽东建国时不过 56 岁，邓小平当时只有 45 岁。要做大学问，就要经得起磨难、经得起挫折，在各种艰难困苦的环境中成长。院党组和各单位党组织要尽可能为青年同志的成长成才创造条件，青年也不能怨天尤人，要树立做大事的决心，立志献身于繁荣发展中国哲学社会科学事业。

三　青年人要努力当一个真正的读书人

刚才，马研院的代表在发言时建议在全院开办一个马克思主义经典著作读书论坛，这个提议很好，院青年中心可以考虑举办一个全院青年读书论坛。马克思主义的经典著作要读，其他学术经典也要读。研究历史的，历史上的经典文献要读；研究外国文学的，不去读外国文学的经典文本就无从做好专业研究。所以，有必要搞一个全院性的青年读书论坛。通过这个论坛，大家可以介绍读书的经验、读书的体会，可以推荐值得阅读的好书。这项工作就由直属机关党委青年处和院青年中心负责落实。

为什么要做一个真正的读书人？因为我院是国家哲学社会科学最高殿堂，要提倡青年学者多读书。如果不读书，怎么去研究问题？不是马马虎虎地读，而是要认认真真地读。古人讲，读万卷书，行万里路。杜甫诗云"读书破万卷，下笔有如神"。也就是说，书不读到一定量是写不出东西来的，没有读过大量的书，是不会有神来之笔的。就我个人的体会，年轻时记忆力好、时间多、烦心事少，要趁此机会大量、充分读书。读书就是积累，就是储备，就是学习。书读到一定程度，才能迸发科研灵感。我前一段时间结合读《资本论》和《帝国主义论》，写了一篇如何看美国金融危机的本质和原因的文章。我这篇文章是春节休假期间写的，这个时候如果看《资本论》和《帝国主义论》是来不及的，必须平时对《资本论》和《帝国主义论》熟记于心才行。当然，写时还要研读。可见，平时多读书，就是为从事研究和写作进行学习和储备。

因此，我号召全院青年人要努力当一个真正的读书人。我对大家读书有三点要求：

一是广博而精深。读书要读到一定的量，量越大越好，这就是广博。在广博的基础上，一定要精深。经典著作一定要认真读、反复读。比如，搞马克思主义哲学经典著作研究的，对恩格斯的《费尔巴哈论》和《反杜林论》、列宁的《哲学笔记》等重要著作，必须认真研读，有的经典著作至少要读5—10遍。我要求马研院把青年读书小组的读书笔记每期都送给我，看了以后，我觉得他们真是在读原著。搞古代史的不能只看今人写的史，更要看古代人写的史。研究外国文学、语言学、新闻学等，要读这个学科的经典著作。你所研究的这门学问里的经典著作，一定要读，并且烂记于心。读书的时候要写读书笔记，一边读书，一边把书中的要点和精辟论断、个人的体会和感想随手记下来，这也是一种积累。俗话说，"好记性不如烂笔头"。院里讨论青年学者资助计划时，有人提出要有论文成果作为资助条件。我说论文只是一个方面，但不一定必须交论文，因为青年同志在积累学问的时候不一定要写成论文，把读书笔记拿出来也行，甚至在书页上做的眉批都可以算成果。读书要广博而精深，科研人员特别是青年科研人员一定要养成读书的好习惯。

二是要活到老、读到老、学到老，一辈子读书。为什么把我们搞科研、做学问的叫读书人呢？因为研究工作必须和读书生涯结合起来，从事学术科研工作，就得读一辈子书。2009 年 7 月 11 日的《光明日报》发表了中央文献研究室副主任陈晋写的《毛泽东的读书生涯和政治实践》，文中写道："毛泽东在延安的时候说过一句话：'如果再过 10 年我就死了，那么我就一定要学习 9 年零 359 天。'讲这个话是希望领导干部们抓紧时间读书学习，毛泽东自己确实做到了这一点。1975 年他 82 岁了，眼睛不好使，还专门请一位大学老师给他读书。我们知道，他是 1976 年 9 月 9 日零时 10 分逝世的。根据当时的记录，9 月 8 日那天，他全身都插满了管子，时而昏迷，时而清醒，清醒过来就看书、看文件，共 11 次，2 小时 50 分钟。"毛泽东的一生就是革命的一生、读书的一生、实践的一生。

三是要真读、真信、真懂、真做。真读，就是真正读进去，要真正学进去。真信，就是要把书中的精华溶化在血液里，书中的道理要信。真懂，比如研究中国古代哲学，孔子、老子、孟子、墨子、荀子，他们的书里都有很多精华，他们讲的真道理要弄懂。真做，就是按照书中讲的道理去做、去实践。

要读两本书：一本是文字之书，一本是实践之书。毛泽东说，世界上的知识有两种：一种是书本知识，一种是实践知识。书本知识是从实践中来的，是前人和他人实践的总结；实践知识是对现实生活的直接体验和感受。青年学者读书也要读两本书：文字之书，就是古人之书、前人之书或今人之书都要读。实践之书，就是要到社会上调查研究，了解现实生活的各个方面，如对物价、对我国的市场经济情况进行调查研究。因此，提倡大家积极参与国情调研。希望青年人认真读书，做一个真正的读书人。

希望全院各单位党组织要把青年人的培养，特别是青年学者的培养列入重要议事日程，当作一项重要工作，抓好落实。要解决青年工作的困难，解决青年人成长中遇到的各种问题，要拿出措施、提出办法，努力把青年工作做好，把青年培养好。在这方面，直属机关党委、院属各单位共青团组织和青年组织要发挥积极作用，要协调好、组织好，抓好工作。

必须加强对马克思主义经典
著作的学习研究[*]

（2009 年 12 月 25 日）

《马克思恩格斯文集》和《列宁专题文集》的出版，是党和国家政治生活中的一件大事，也是我国思想理论和哲学社会科学界的一件大事。两部《文集》的出版非常及时，极其重要，是当前贯彻落实党的十七大和十七届四中全会精神，大力推进马克思主义中国化、时代化、大众化，建设马克思主义学习型政党，提高全党思想理论水平的需要，也是继续推进改革开放事业、开创中国特色社会主义新局面的需要。两部《文集》为学习马克思主义提供了最好的教材，为研究宣传马克思主义、推进马克思主义中国化的不断创新，提供了最佳文本。

马克思主义传入中国，为中国先进分子所接受，并在其指导下建立起马克思主义的坚强政党，带给中国革命焕然一新的面貌，无不与马克思主义著作在中国的传播息息相关。毛泽东就两次提到，正是在 1920 年读了陈望道翻译的《共产党宣言》等三本书后，树立起对马克思主义的信仰，成为一名坚定的马克思主义者。我们党作为以马克思主义为指导的工人阶级政党，从成立之日起，就始终

---

　　* 本文系作者 2009 年出席《马克思恩格斯文集》和《列宁专题文集》出版座谈会的发言。原载《马克思主义研究》2009 年第 12 期，部分内容发表于 2009 年 12 月 28 日的《人民日报》。

重视马克思主义经典著作的翻译出版和学习研究。从 1921 年建党到 1949 年建立新中国，在极其艰难的条件下，我们党一直把马克思主义经典著作的传播工作放在重要位置，先后成立了人民出版社、上海书店、长江书局、马列学院、中共中央出版发行部、解放社等专门机构。到新中国成立前，经典作家的重要著作大多已有了中译本，其中有多卷本也有单行本，一些著作甚至有若干个版本。

我们党在坚持马克思主义经典著作编译传播的同时，始终重视对马克思主义经典著作的学习研究。在新民主主义革命时期，以毛泽东为首的党中央就反复强调，全党要熟读马克思主义经典著作，认真学习马克思主义，不断提高全党的马克思主义理论修养。在 1938 年召开的党的六届六中全会上，毛泽东根据党所面临的形势和任务，系统阐述了努力学习马克思主义理论和方法的极端重要性，向全党提出了"普遍地深入地研究马克思列宁主义的理论"的任务，并号召"来一个全党的学习竞赛"。延安整风是我们党一次空前的马克思主义教育运动。为加强全党马克思主义理论学习，毛泽东在党的第七次代表大会上提出，要读好《共产党宣言》等"五本马列主义的书"。在党的七届二中全会上，毛泽东将全党干部必读的马列原著增加为 12 本。在新中国成立初期，开展这 12 本关于马克思主义基本原理、涉及社会主义革命和建设等内容的"干部必读"的读书活动，对于提高全党同志特别是广大干部的马克思主义理论水平，推进社会主义革命和建设事业，发挥了相当重要的作用。毛泽东更是身体力行、率先垂范，无论是在艰苦的战争年代还是在繁忙的和平建设时期，他都带头研读"老祖宗"的书，为全党树立了学习的典范。毛泽东曾指出："马列主义的书要经常读。""《共产党宣言》，我看了不下 100 遍，遇到问题，我就翻阅马克思的《共产党宣言》，有时只阅读一两段，有时全篇都读，每读一次，我都有新的启发。……读马克思主义理论在于应用，要应用就要经常读，重点读。"

在社会主义革命和建设时期，我们党更加重视马克思主义经典著作的推广。1950 年，专门从事马克思主义经典著作出版工作的人民出版社成立；1953 年，专门从事马克思主义经典著作编译工作的中共中央编译局成立。随后，马克思主义经典著作的编译和出版开始有组织、有计划地系统进行。从 1949 年到现在，已先后编译出版了《马克思恩格斯全集》《列宁全集》《斯大林全集》及其"补卷"，编译出版了《马克思恩格斯选集》《列宁选集》《斯大林选集》中文版。依据历史考证版和德文版重新编译的《马克思恩格斯全集》中文第二版已出版 21 卷，《列宁全集》中文第二版 60 卷已出齐，《马克思恩格斯选集》和《列宁选集》也已分别出版了中文第二版和第三版。此外，还发行了大量经典著作的选读本、单行本及经典作家的专题文集和言论集。

马克思主义经典著作的编译出版是与全党的马克思主义学习需要紧密相连的。面对社会主义革命和建设的新形势、新任务，毛泽东号召全党要学好马克思主义基本原理，特别是要在学习马克思主义经典著作上下工夫。20 世纪 50 年代末，毛泽东强调："马克思这些老祖宗的书必须读，他们的基本原理必须遵守。"1964 年，毛泽东提出高级干部要读 30 部马克思主义经典著作，懂得和掌握更多的马克思主义。从 1970 年党的九届二中全会到 1976 年去世，毛泽东多次提出，党的中高级干部要挤出时间阅读些马列主义著作，不断提高马克思主义理论水平。进入改革开放历史新时期，邓小平提出读原著"要精，要管用"，大力倡导全党的马克思主义学习运动。以江泽民同志为核心的党的第三代中央领导集体和以胡锦涛同志为总书记的党中央，也都反复强调学习马克思主义经典著作的重要性。

我们党成立 88 年特别是新中国成立 60 年来的历史证明，马克思主义在中国的广泛传承，全党马克思主义理论水平的不断提高，马克思主义中国化进程的永续推进，是以马克思主义经典著作的编译、出版和学习为重要条件的。马克思主义经典著作始终是指导中国革命、建设和改革的锐利思想武器，始终是中国共产党和中国人民最宝贵的精神财富。当前，我国正处在改革开放的关键时期，应当更加重视对马克思主义经典著作的学习，以"要精，要管用"为原则，提倡全党针对新的实际，认真学习研究马克思主义经典原著，全面提升全党同志的马克思主义理论素质。

要按照"读原著为主"的原则，认真读书，全面正确地掌握马克思主义。学习马克思主义，全面把握马克思主义各个组成部分之间内在的、有机的联系，深刻理解马克思主义精神实质和思想精髓，学会运用马克思主义立场、观点和方法，仅仅阅读二三手资料是不行的，唯一有效的办法，就是原原本本地精心研读马克思主义经典作家的原著。正如恩格斯在谈到如何学习《资本论》时曾经指出的："对于那些希望真正理解它的人来说，最重要的却正好是原著本身。"① 因此，一定要坚持自学为主、读原著为主的原则。只有在原原本本地阅读研究原著的过程中，才能真正领会马克思主义经典著作的理论逻辑和深刻内涵，真正感受到马克思主义跨越时空的思想魅力。两部《文集》的出版发行，为我们学习、研究和运用马克思主义提供了新文本、新视角，创造了新条件、新机会。

要按照"针对新的实际"的原则，发扬理论联系实际的学风，善于运用科学理论研究新情况、解决新问题。马克思主义是马克

---

① 《马克思恩格斯全集》第 25 卷，人民出版社 1974 年版，第 1005 页。

思、恩格斯、列宁根据实际生活形成的科学理论，仅仅读了他们的著作，而不去努力运用他们的学说来研究和思考中国当代实际问题，就不是真正的马克思主义者。毛泽东强调："精通的目的全在于运用。"① 学习这两部《文集》，目的就在于运用马克思主义世界观、方法论，对发展中国特色社会主义面临的新情况、新问题，给予科学的、深刻的理论说明，找到它的发展规律，发挥科学理论指导实践的巨大作用。当前我国改革发展中的新情况、新问题层出不穷，迫切需要我们运用贯穿马克思主义原著始终的立场、观点、方法去寻找思路和答案。我们学习原著一定要以正在做的事情为中心，着眼于马克思主义的实际运用，不断提高运用马克思主义解决实际问题的能力。

要按照"发展创新"的原则，弘扬马克思主义与时俱进的理论品质，大力推进马克思主义中国化。真正的马克思主义者，绝不把马克思主义经典著作当成背得烂熟并机械地加以重复的教条，绝不把马克思主义看作一成不变的戒律，绝不期盼从马克思主义本本中觅得解决一切问题的"灵丹妙药"，而是善于运用马克思主义，不断做出符合时代需要、国情需要和现实需要的理论创造。毛泽东反复强调，"任何国家的共产党人，任何国家的无产阶级的思想界，都要创造新的理论，写出新的著作，产生自己的理论家，来为当前的政治服务，任何国家，任何时候，单靠老东西是不行的"②。学好、用好这两部《文集》，必须大力弘扬马克思主义与时俱进的理论品质，解放思想，勇于创新，把学习运用马克思主义经典著作同学习运用马克思主义中国化的理论成果——毛泽东思想、中国特色社会主义理论体系特别是科学发展观结合起来，切实解决世界观、

---

① 《毛泽东选集》第3卷，人民出版社1991年版，第815页。
② 《毛泽东文集》第8卷，人民出版社1999年版，第109页。

方法论问题。在发展中国特色社会主义的新的实践开拓中，大胆探索，不断推进理论创新，用新的理论、新的思想、新的观点丰富和发展马克思主义。

30 年前，邓小平指出："我们是一个马克思主义的大党，我们自己不重视马克思主义的研究，不按照实践的发展来推动马克思主义的前进，我们的工作还能够做得好吗？我们讲高举马列主义、毛泽东思想的旗帜，不就成了说空话吗？"① 这对于我们今天深入学习和运用马克思主义经典著作，坚持用发展着的马克思主义指导新的实践，仍然具有重要的指导意义。对于中国社会科学院和广大哲学社会科学工作者来说，要把马克思主义经典著作的学习研究作为加强马克思主义阵地建设、加强马克思主义理论学科建设、加强马克思主义中国化理论创新的基本功，作为繁荣发展哲学社会科学的基础工作和重要任务。要打牢科研人员的马克思主义世界观、方法论的基本功底，提高运用马克思主义指导科学研究的能力，把坚持和巩固马克思主义指导地位真正落到实处。

---

① 《邓小平文选》第 2 卷，人民出版社 1994 年版，第 181 页。

加强理论武装，提高运用马克思主义指导哲学社会科学研究的能力[*]

（2012 年 2 月 22 日）

坚持以马克思主义为指导，是我国哲学社会科学最鲜明的特色，是我院最根本的办院方针。加强理论学习，提高运用马克思主义指导科研的能力，不是权宜之计，也不是一时之策，而是事关我院和哲学社会科学事业方向和发展的长远大计、根本大计。之所以把问题提到这样的高度，是由哲学社会科学的性质和我院的定位、任务决定的。

毛泽东同志指出："一定的文化（当作观念形态的文化）是一定社会的政治和经济的反映，又给予伟大影响和作用于一定的政治和经济。"① 哲学社会科学作为文化的灵魂，是文化概括的思想结晶，是一定社会的政治、经济最集中的理论反映，为一定社会的政治、经济服务。当代中国的哲学社会科学，首先是社会主义方向、性质的理论学术，为中国特色社会主义的政治、经济服务。我院是党中央直接领导的国家哲学社会科学最高研究机构，是党在思想文化战线和意识形态领域的重要部门。科学研究等一切工作，必须始

　＊ 本文系作者在中国社会科学院 2012 年工作会议所作工作报告的一部分。原载《马克思主义理论研究和建设工程·参考资料》2012 年 3 月 14 日第 610 期。
　① 《毛泽东选集》第 2 卷，人民出版社 1991 年版，第 663—664 页。

终坚持正确的政治方向和学术导向,始终与党中央保持一致,才能切实服务于中国特色社会主义事业。而要做到这一点,必须坚持马克思主义,如果离开马克思主义,必然偏离方向,一切无从谈起。

中央赋予我院"三个定位"要求的一项任务就是努力建设马克思主义坚强阵地,这是最高的党性要求。我院担负研究、宣传、创新马克思主义的重任,如果领导干部和科研人员的马克思主义理论水平不高,又怎能完成这个光荣而艰巨的任务?一项任务是努力建设党和国家的思想库、智囊团。人民关心的重大问题,就是党和国家关注的重大问题,也是应做出理论诠释、对策研究的重大问题。为解决人民疾苦、提高百姓福祉而研究,为党和国家的长治久安、为中国特色社会主义发展进步出谋划策,才不愧于思想库、智囊团的地位。试问,离开了马克思主义的正确指导,缺了主心骨,怎能建好言、献好策、出好主意?又谈何发挥参谋咨询作用?一项任务是努力建设哲学社会科学的最高殿堂。我国哲学社会科学作为精神力量,就总体属性来说,首先是党领导的、人民大众需要的、社会主义性质的观念形态的文化,从属、服务于社会主义主流意识形态,必须从总体上接受马克思主义指导。我院许多学科带有强烈的意识形态属性、政治属性和现实属性。有的学科虽然意识形态属性不强,或不具有意识形态属性,但其研究对象与内容也是某类社会历史现象,研究者本身也有一个为什么人服务的感情问题、立场问题,有一个用什么样的立场、观点、方法指导研究的问题。这就要求必须把马克思主义和科学社会主义作为核心理念和指导思想,站在党和人民的立场上,为中国特色社会主义和人民利益"鼓与呼"。

这是从哲学社会科学作为党领导的中国特色社会主义文化属性的总体意义上讲的道理,即为什么坚持马克思主义指导地位的道理。陈奎元同志在《信仰马克思主义,作坚定的马克思主义者》的重要讲话中，语重心长地全面阐述了信仰马克思主义、学习马克思主义、坚持和发展马克思主义的根本要求。具体到今天的研究者个人来说，在中国特色社会主义伟大实践中，在繁荣发展哲学社会科学工作中，能否自觉接受马克思主义、运用马克思主义，更是直接关系到站在什么立场上、为什么人服务的问题，当然也关系到科研方向、成果质量和能否成为党和国家需要的人才的问题。

在我国当代学术领域，许许多多大家大师，正是坚定信仰马克思主义并将它实际地应用到研究中，找到了指导研究的科学世界观、方法论钥匙，取得了辉煌的学术成就。郭沫若先生被邓小平同志称为"我国运用马克思主义研究中国历史的开拓者"。以他为代表的马克思主义史学，用唯物史观作为研究历史的武器，做出重大史学创新。不少历史学家不乏渊博知识和入微考辨，但总的方面不能和郭沫若先生的史学研究成就相比，究其根本，则同没有真正掌握马克思主义、缺乏唯物主义历史观眼光有关。老一代院领导胡乔木、胡绳、马洪、张友渔一贯努力学习、研究和宣传马列主义，在马克思主义理论、哲学、文学、历史、经济、法学、政治学等领域做出了杰出贡献。范文澜先生开拓了以马克思主义指导编撰中国通史的道路，侯外庐先生运用马克思主义研究中国古代思想文化遗产，夏鼐先生坚持认为考古学研究的最终目标是阐明历史发展的客观规律，吕叔湘先生总是理论联系实际、处处体现实事求是的作风，何其芳先生自觉把马克思主义应用到文学研究领域，任继愈先生以马克思主义视野研究中国哲学和世界宗教，许涤新先生从马克思主义与中国实践的结合上系统探讨了中国社会主义经济形成和发展的客观进程，孙冶方先生探索了社会主义政治经济学新体系，薛暮桥先生系统论述了中国社会主义建设必须遵循的经济规律，等等。这样的前辈不胜枚举，他们自觉运用马克思主义指导研究，从而在学术史上留下了不朽的篇章。

这些可敬的前辈们所取得的辉煌成就，证明了当代中国哲学社会科学的指南，就是马克思主义。认为马克思主义已经僵化、凝滞，解释不了中国问题，不能指导学术，从而不加分析、不作选择地把西方的研究方法和学派，或者中国历史传统的研究方法和学派，原封不动地引入当代中国研究领域，崇拜洋教条、土教条，食洋不化，食古不化，这样做无法创新、繁荣、发展中国特色的社会主义理论学术。

当然，讲这些不是说在今天的学术研究领域，马克思主义可以代替一切、包办一切，是包打天下的灵丹妙药，而是就马克思主义世界观、方法论而言，就当代中国哲学社会科学总体而言，就我院办院方向而言，就研究者个人以什么样的感情、站在什么立场上、为什么服务、以什么为指导的根本问题而言，马克思主义世界观、方法论，就是马克思主义者观察世界、分析问题、解决问题的基本立场、观点和方法。以马克思、恩格斯、列宁、毛泽东、邓小平等为代表的马克思主义者，站在人民的立场上，做出了大量科学判断和科学结论，有些结论虽然带有历史局限性，但贯穿他们著述、思想、理论始终的立场、观点、方法，即世界观、方法论，闪耀着真理的光芒，具有正确的思想方法的巨大精神利器作用，依然指导着今天的实践。马克思主义首先强调的是基本立场问题，是不是站在人民的立场上，与人民同呼吸共命运，与人民密切联系。马克思、恩格斯之所以成为马克思主义者，首先是因为他们能够坚定地站在工人阶级和人民大众的立场上。马克思在确定博士论文选题时，就把自己的幸福和工人阶级、劳苦大众的命运紧紧联系在了一起。基本立场对了，才能够自觉地运用马克思主义的基本观点，如唯物的观点、发展的观点、辩证的观点、对立统一的观点、历史的观点、群众的观点、阶级分析的观点等。运用这些观点认识、观察世界就是科学的世界观，以之分析、解决问题就是科学的方法论，马克思主义世界观和方法论是一致的。

可以说，凡是做出了成绩的科学家，就其主观认识来说，有的是自觉的，有的是不自觉的，做到了符合并遵循他所研究对象的客观规律，而辩证唯物主义和历史唯物主义哲学世界观、方法论，恰恰最科学地揭示了事物发展的根本规律和法则，为人们认识问题、分析问题提供了最一般的思维方式和思想方法。"工欲善其画，必先利其器"，对于以科学研究为终生追求的哲学社会科学工作者来说，为何不去主动地、自觉地学习掌握马克思主义立场、观点、方法呢？学习马克思主义，要真学、真懂、真用，而不是死记硬背一些具体结论，不是照本宣科、生搬硬套一些词句来剪裁活生生的现实。马克思主义是思想武器，不是养家糊口的饭碗，不是追求名利的梯子。运用马克思主义指导研究，不是把马克思主义当作标签、当作标语口号，而是当作研究的指南，把马克思主义贯穿到学术研究、学理分析之中，以创新的学术成果体现出来。

加强马克思主义学习，是全院人员的共同任务。各级党组织要认真组织好理论学习，抓住提高理论水平这个关键。领导干部和党员要带头自觉学习马克思主义，不断提高自己的马克思主义理论素养，学会运用马克思主义指导科学研究。就担负的领导责任而言，所局领导干部尤为关键。从事马克思主义研究的，要多多益善地学，专门研究。从事其他学科研究的，可以坚持"少而精"的原则，重点掌握马克思主义精髓。既要坚定不移地坚持"二为"方向，又要坚定不移地贯彻"双百"方针。在具体学科研究方法上，可以百家争鸣、百花齐放，可以有研究者的发明独创，不能强求一致。

学习马克思主义,增强
马克思主义理论素养[*]

（2011 年 5 月 16 日）

院党组为什么要举办所局主要领导干部学习马克思主义经典著作读书班呢？"非学无以广才，非学无以明志，非学无以立德。"借用古人的话，针对今天的实际来说，不认真学习马克思主义，不努力学会用马克思主义立场、观点、方法指导哲学社会科学研究，就不能大大提高全院主要领导干部的领导水平和管理能力，就不能牢牢地树立共产党人的理想信念，就不能提高政治素质、理论素养和党性修养。我谈几点意见，作为学习动员，与同志们共勉。

第一，高度重视，贵在自觉。

政治上的清醒和坚定来自于理论上的清醒和坚定。学好马克思主义，全院主要领导干部的马克思主义理论水平提高了，哲学社会科学事业的繁荣发展、中国社会科学院事业的繁荣发展就有了可靠保证。

为什么这么说？可以引用几段毛泽东同志的指示来说明其重要性和必要性。第一段，在 1938 年召开的中共六届六中全会上，毛泽东同志指出："我们的任务，是领导一个几万万人口的大民族，

---

　　* 本文系作者在 2011 年所局主要领导干部马克思主义著作读书班上的讲话。

进行空前的伟大的斗争。所以，普遍地深入地研究马克思列宁主义的理论的任务，对于我们，是一个亟待解决并须着重地致力才能解决的大问题。"今天对于领导 13 亿人口从事发展中国特色社会主义伟大事业的中国共产党来说，普遍深入地学习研究马克思主义和马克思主义的中国化，是一个亟待解决并需着重解决的重大问题。第二段，毛泽东同志接着指出："在担负主要领导责任的观点上说，如果我们党有一百个至二百个系统地而不是零碎地、实际地而不是空洞地学会了马克思列宁主义的同志，就会大大地提高我们党的战斗力量，并加速我们战胜日本帝国主义的工作。"毛泽东同志认为战胜日本帝国主义的关键在于提高党的高级领导干部的马克思主义理论水平。针对当今的情况来讲，如果我们党有一大批系统地而不是零碎地、实际地而不是空洞地掌握了马克思主义的高素质的领导干部，就会大大提高我们党的战斗力，大大加快发展中国特色社会主义事业的进程。第三段，1940 年 12 月底毛泽东同志在延安接见从前线回来后到中央党校学习的同志时说："没有大量的真正精通马克思列宁主义革命理论的干部，要完成无产阶级革命是不可能的。"① 政治路线确定之后，干部就是决定的因素。在党的路线正确的前提下，能贯彻落实党的正确路线，关键在于领导干部，在于领导干部的政治理论素质和理论联系实际的能力。领导干部是否具备领导素质，其领导素质是高还是低，首要的就是看有没有过硬的马克思主义理论素养，说到底，就是能不能用马克思主义的立场、观点和方法研究、认识和解决当代中国改革和发展中一系列现实问题的能力。领导干部是否具备这些素质和能力，关系到我们党能不能坚持中国特色社会主义理论体系、发展中国特色社会主义伟大

---

① 中共中央文献研究室编著：《毛泽东年谱（1893—1949）》（中卷），中央文献出版社2002 年版，第 248—249 页。

事业。

加强全党马克思主义学习，不断提高全党马克思主义水平，是我们党不断取得胜利的基本经验，也是推进中国特色社会主义的思想理论保障。同样的道理，办好中国社会科学院，繁荣发展哲学社会科学，最关键的在于加强我院领导干部，首先是主要负责干部的马克思主义理论水准，提高我们运用马克思主义立场、观点、方法指导哲学社会科学研究，全面推进我院建设的能力。我希望同志们对于马克思主义学习，要具有这样的认识高度，牢牢树立学习马克思主义的自觉性。

第二，目的明确，全在应用。

崇尚读书学习，是中华民族的优良传统。但是在不同的社会制度下，不同的阶级、不同阶级的政治人物所主张的读书学习目的是根本不同的。

培养适合封建社会需要，为封建统治阶级服务的"士君子""士大夫""读书人"，就是封建社会统治阶级教人读书学习的目的所在。作为中国封建社会的主流意识形态，儒家学说主张读儒学经典为着"经世致用"，为封建社会制度"修身、齐家、治国、平天下"。如此明确的读书学习目的落实在调动个人读书的主动性上，就是鼓励"学而优则仕"，以"读书做官"来调动个人读书学习的积极性，而做官则是为封建社会制度服务。封建统治阶级提倡的读书学习具有很强的功利性和伦理性，"读书做官"论就体现了这一点。儒家老祖宗孔子的许多弟子包括孔子本人都曾经到处求过官、践履"学而优则仕"的主张，开"读书做官"之先河。唐朝沿袭隋制，完整地建立了科举取士制度，为平民百姓设计了通过读书也可以入朝为官的道路，大大地激发了平民的读书热情。"书中自有千钟粟，书中自有黄金屋，书中自有颜如玉"，"万般皆下品，唯有读书高"，这些话几乎成了中国封建社会读书人的口头禅。封建统治阶级所提倡的读书学习，有着明确的政治目的，其消极作用亦是显而易见的。当然也有积极的一面，体现了重视读书学习，注重精读经典原著，提倡刻苦学习，主张学以致用，提倡入世建功勋的积极进取精神。

今天，党中央提倡领导干部要读书学习，其目的与中国封建社会根本不同。今天，提倡全党学习，有鲜明的政治目的，这就是为中国人民服务而学习、为中华民族振兴而学习、为发展中国特色社会主义宏伟事业而学习。我们共产党人读书学习，首要任务是读马克思主义的经典原著，学习马克思主义立场、观点和方法。

我1982年到中央党校学习，有幸受到一位中央领导同志的指教。他说："你们是我们党培养的马克思主义秀才，但千万不要把马克思主义当作吃饭的家伙，当作饭碗，而要当作斗争的武器。"这也一语道破共产党人读书学习的目的。共产党人读书学习的目的不是个人功利主义，而是革命功利主义，不是为了个人做官、走仕途，而是为了"学以致用"。马克思有一句名言："哲学家们只是用不同的方式解释世界，而问题在于改变世界。"[①] 学习马克思主义的目的就是为了解决中国的实际问题，解决工作的实际问题。马克思主义是思想武器，是理论指南，不是解决个人吃饭问题的家伙，不能把学习、研究马克思主义简单地当作一种职业，当作挣钱的工具，当作评职称、解决待遇的台阶，而是为了改造中国、改造世界。今天，我们从事的中国特色社会主义事业，就是改造中国、改造世界的正确道路选择。毛泽东同志说："对于马克思主义的理论，要能够精通它、应用它，精通的目的

---

① 《马克思恩格斯选集》第1卷，人民出版社1995年版，第57页。

全在于应用。"① 是不是用于实践，这就是我们读书学习的目的和
检验学习成效的标准。

具体到作为中国社会科学院的骨干层、主要领导干部层，学习
马克思主义的目的是什么呢？也是为了使用，为了学会运用马克思
主义立场、观点、方法指导哲学社会科学研究，指导办好社科院，
以推进马克思主义的继承和创新、哲学社会科学的繁荣和发展。这
个读书目的与党所主张的读书目的是一致的。有人会问："繁荣发
展哲学社会科学，不一定要学马克思主义，不学不一样繁荣发展
吗？比如，我国春秋战国时期、西欧资产阶级文艺复兴时期的学术
不也很发展吗？"还有人会问："我从事研究的学科不属于意识形态
范畴，是纯学术的，为什么还要学习马克思主义呢？"应当说，这
些说法都有一定道理，但不完全正确，说它不正确，是因为它不适
应中国国情要求，不明白马克思主义的根本功能。

一是我们现在仍处于马克思所判定的世界社会主义与资本主义
生死博弈的伟大时代，正处于发展中国特色社会主义的新的历史阶
段。马克思主义就是该时代精神的精华，就是当今时代哲学社会科
学也是中国哲学社会科学的最高峰。我们今天所从事的是工人阶级
政党——中国共产党所领导的社会主义中国现代化建设的伟大事
业，而指导党、指导我们事业的理论基础则是马克思主义，是马克
思主义与当今时代、中国国情相结合的中国化的马克思主义。中国
近代史证明，离开马克思主义的指导，中华民族伟大复兴是不可能
实现的。马克思主义是我们各项工作的指南，包括我们的哲学社会
科学，概不例外。

二是我们所从事的哲学社会科学事业从属于中国特色社会主

① 《毛泽东选集》第 3 卷，人民出版社 1991 年版，第 815 页。

义伟大事业，属于中国特色社会主义经济基础的上层建筑，属于社会主义主流意识形态，属于社会主义思想理论战线，属于社会主义大文化范畴。今天的中国哲学社会科学具有社会主义文化的性质，其中大多数学科带有强烈的意识形态属性和政治属性，当然也有少部分不带有意识形态属性和政治属性。因此，就整个我国哲学社会科学来说，必须以马克思主义作指导。有的学科其本身就是宣传、研究马克思主义的学科。然而，不带意识形态属性、政治属性的学科，也有一个研究者为什么人服务的问题，是不是为人民服务、为祖国服务、为社会主义服务，是不是热爱人民、热爱社会主义祖国的问题。更重要的是，无论研究什么问题，都需要一个正确的世界观、科学的方法论的指导。运用马克思主义正确世界观、方法论研究哲学社会科学，不仅可以解决为什么人服务的问题，还可以解决如何更好地指导研究、推动学术发展的问题。有很多大学问家，解放后接受了辩证唯物主义和历史唯物主义，有成效地运用马克思主义世界观、方法论指导哲学社会科学研究，说明并解决了许多重大学术问题，使他们的学术研究在原有基础上取得了更大的成就，这样的例子不胜枚举。马克思主义对我们哲学社会科学研究人员来说，既有一个人生观、价值观功能，让我们热爱祖国、热爱人民，把自己所从事的学术事业与人民、与社会主义祖国联系在一起；同时更重要的是有一个世界观、方法论的功能，指导我们更好地从事学术研究。马克思主义是从事哲学社会科学研究的指南与方法，是保证正确政治方向和学术导向的思想基础，只能靠它才能统一科研人员思想，保证正确的政治方向和学术导向。

三是从事哲学社会科学领导工作的领导干部学习马克思主义极为重要。对于担负哲学社会科学事业领导责任、骨干任务的领导干部来说，除了用马克思主义的人生观、价值观规范言行，用马克思主义的世界观、方法论指导哲学社会科学研究外，还可以用马克思主义具体指导怎样管理社科院、怎样建设社科院、怎样调动科研人员的积极性，也就是有助于提升领导干部的管理能力和领导水平。因此，就领导责任来说，解决了我院主要领导干部的马克思主义素质问题，也就解决了我院建设和发展的关键问题。

第三，精读精通，坚持不懈。

在河北保定直隶总督府后花园有一个横幅写道："读书先从识字起。"读书学习不能像有些人那样"看书看个皮，看文看个题"，囫囵吞枣，不去消化，一目十行，不求甚解，一定要逐字逐句逐段地研读。学习马克思主义，不是要死记硬背马克思主义的原著，也不能生吞活剥马克思主义的结论，把马克思主义变成教条，而是要精通马克思主义。精通马克思主义，就要认真研读马列原著，要原原本本地学，要仔仔细细地学，要逐字逐段地学。总之，要下工夫读原著。有的人读马列的书，走捷径，不下工夫，只看辅导材料，不去接触原著，须知，吃别人嚼过的馍，一没有滋味，二没有营养，还容易得传染病，会被引入错误的认识歧途。

读马列原著，精通必须精读。所谓精读，一是抓住重点，二是反复研读，这样才能达到精通马克思主义的学习要求。读书学习不等于多读，读全部马列的书是少数人的事情，对多数在实际岗位上工作的同志来说不现实。1948 年 9 月，毛泽东说："我党的理论水平，必须承认还是低的，必须提高一步。这样大的党，在许多基本理论问题上或是不了解，或是不巩固……党内有许多新知识分子和工农干部，对许多基本观点不知道，对许多问题不会解释……我们在理论上要提高，还要普及……如果要求大家读全部马列选集，也不现实，可以挑选一些，不然书那么多，读起来也是困难。华东局印了五本，说是有人在读。如果五本不够，可以选十本，包括《联共（布）党史》、《列宁主义概论》、《帝国主义论》在内。列昂节夫的《政治经济学》也可以选一些。宣传部可以研究一下，看挑些什么书好，五本不够就十本，但是不要太多，多则不灵。"① 邓小平同志指出："学马列要精，要管用的。"我们党每次开展学习运动，都根据各时期的任务和干部特点、需要，按照"少而精，要管用"的原则，适当指定一些必读书目，要求全党学习使用。

精读，要反复读、经常读。孔子讲"学而时习之，不亦乐乎?"常读，才能吃透精神。1939 年年底，毛泽东同志在延安对一位进马列学院学习的同志说："马列主义的书要经常读。""《共产党宣言》，我看了不下 100 遍，遇到问题，我就翻阅马克思的《共产党宣言》，有时只阅读一两段，有时全篇都读，每读一次，我都有新的启发。我写《新民主主义论》时，《共产党宣言》就翻阅过多次。读马克思主义理论在于应用，要应用就要经常读，重点读。"这次读书班，也给同志们指定了书目，希望同志们不要贪多，多读几遍，反复认真读。

"只要功夫深，铁杵磨成针。"精读、精通马列，必须坚持不懈、持之以恒，一刻也不放松，功夫下到了，就会逐步学会。1945年 5 月 31 日毛泽东在党的七大总结讲话时说："加强理论学习至少要读五本书，我向大家推荐这五本书：《共产党宣言》、《社会主义从空想到科学的发展》、《在民主革命中社会民主党的两个策略》、《共产主义运动中的"左派"幼稚病》、《联共（布）党史简明教程》，这里马、恩、列、斯的都有了。如果有五千人到一万人读过

---

① 《毛泽东文集》第 5 卷，人民出版社 1996 年版，第 137—138 页。

了，并且有大体的了解，那就很好，很有益处。我们可以把这五本书装在干粮袋里，打完仗后，就读他一遍或者看他一两句，没有味道就放起来，有味道就多看几句，七看八看就看出味道来了。一年看不通看两年，如果两年看一遍，十年就可以看五遍，每看一遍在后面记上日子，某年某月某日看的。这个方法可以在各个地方介绍一下，我们不搞多了，只搞五本试试。"① 学习马列原著，只要长期坚持，必有益处。

第四，联系实际，思考分析。

毛泽东同志在 1941 年《改造我们的学习》中指出："我主张将我们全党的学习方法和学习制度改造一下。"② 他分析了建党 20 年给党带来危害的坏的学习风气，他说："不注重研究现状，不注重研究历史，不注重马克思列宁主义的应用。这些都是极坏的作风。这种作风传播出去，害了我们的许多同志。"③ "许多同志学习马克思列宁主义似乎并不是为了革命实践的需要，而是为了单纯的学习。所以虽然读了，但是消化不了。只会片面地引用马克思、恩格斯、列宁、斯大林的个别词句，而不会运用他们的立场、观点和方法，来具体地研究中国的现状和中国的历史，具体地分析中国革命问题和解决中国革命问题。这种对待马克思列宁主义的态度是非常有害的，特别是对于中级以上的干部，害处更大。"④ "我们学的是马克思主义，但是我们中的许多人，他们学马克思主义的方法是直接违反马克思主义的。这就是说，他们违背了马克思、恩格斯、列宁、斯大林所谆谆告诫人们的一条基本原则：理论和实际统一。他们既然违背了这条原则，于是就自己造出了一条相反的原则：理论

---

① 《毛泽东选集》第 3 卷，人民出版社 1991 年版，第 795 页。
② 同上书，第 797 页。
③ 同上。
④ 同上。

和实际分离。在学校的教育中，在在职干部的教育中，教哲学的不引导学生研究中国革命的逻辑，教经济学的不引导学生研究中国经济的特点，教政治学的不引导学生研究中国革命的策略，教军事学的不引导学生研究适合中国特点的战略和战术，诸如此类。其结果，谬种流传，误人不浅。"① 毛泽东同志大声疾呼要彻底改造这种坏的学习风气、学习方法和学习制度，提倡理论联系实际的马克思主义学风。

什么是理论联系实际？毛泽东同志形象地比喻为"有的放矢"，"的"是靶子，"矢"是箭，"有的放矢"就是说箭一定要射中靶子，把箭拿在手里，不去射中靶子，再好的箭也毫无用处。他说："要有目的地去研究马克思列宁主义的理论，要使马克思列宁主义的理论和中国革命的实际运动结合起来，是为着解决中国革命的理论问题和策略问题而去从它找立场，找观点，找方法的。这种态度，就是有的放矢的态度。'的'就是中国革命，'矢'就是马克思列宁主义。我们中国共产党人所以要找这根'矢'，就是为了要射中国革命和东方革命这个'的'的。这种态度，就是实事求是的态度。"② "应确立以研究中国革命实际问题为中心，以马克思列宁主义基本原则为指导的方针，废除静止地孤立地研究马克思列宁主义的方法。"③ 毛泽东同志要求在党校学习的同志学习马克思主义必须做到针对实际问题、说明实际问题，他说："如果你能应用马克思列宁主义的观点，说明一个两个实际问题，那就要受到称赞，就算有了几分成绩。被你说明的东西越多，越普遍，越深刻，你的成绩就越大。现在我们的党校也要定这个规矩，看一个学生学了马克

---

① 《毛泽东选集》第 3 卷，人民出版社 1991 年版，第 798 页。
② 同上书，第 801 页。
③ 同上书，第 802 页。

思列宁主义以后怎样看中国问题，有看得清楚的，有看不清楚的，有会看的，有不会看的，这样来分优劣，分好坏。"① 在改革开放新时期，邓小平同志提出，针对新的实际，学习马克思主义。坚持理论联系实际的学风，是学习马克思主义必须要解决的第一等重要问题。

精读、精通就要抓住实际问题，用心对照读，随读随想，认真思索，加以分析。1958 年 11 月 9 日毛泽东专门给四级干部（中央、省、地、县）写了一封《关于读书的建议》的信，信中说："不为别的，单为一件事：向同志们建议读两本书。一本，斯大林著《苏联社会主义经济问题》；一本，《马恩列斯论共产主义社会》。每人每本用心读一遍，随读随想，加以分析，哪些是正确的（我以为这是主要的）；哪些说得不正确，或者不大正确，或者模糊影响，作者对于所要说的问题，在某些点上，自己并不甚清楚。读时，三五个人为一组，逐章逐节加以讨论，有两至三个月，也就可能读通了。要联系中国社会主义经济革命和经济建设去读这两本书，使自己获得一个清醒的头脑，以利指导我们伟大的经济工作。现在很多人有一大堆混乱思想，读这两本书就有可能给以澄清。有些号称马克思主义经济学家的同志，在最近几个月内，就是如此。他们在读马克思主义政治经济学的时候是马克思主义者，一临到目前经济实践中某些具体问题，他们的马克思主义就打了折扣了。"②

第五，抓住精髓，学习哲学。

学习马克思主义，怎样学？主要学什么？孔子与他的弟子子贡在《论语·卫灵公第三》中有一段对话很能说明问题："子曰：

① 《毛泽东选集》第 3 卷，人民出版社 1991 年版，第 815 页。
② 《毛泽东文集》第 7 卷，人民出版社 1999 年版，第 432 页。

'赐也！女以予为多学而识之者与？'对曰：'然，非与？'曰：'非也。予一以贯之。'"翻译成白话文就是："孔子说：'子贡，你认为我是学的很多并能把它们记下来的人吗？'子贡回答说：'是的，难道不是这样的吗？'孔子说：'不对，我只是用一个基本的原则把各种知识、行为贯穿起来。'""一以贯之"，这个成语即出自于此。马克思主义的书很多，原理、观点、结论也很多，学习马克思主义，不是背的东西越多越好，最根本的是要学习贯穿马克思主义始终的最基本的东西，这就是贯穿马克思主义始终的、一脉相承的世界观、方法论，也可以说是认识问题、分析问题、解决问题的立场、观点、方法，掌握了这个最基本的、一以贯之的东西，就掌握了马克思主义的精髓。马克思主义立场、观点、方法，即世界观、方法论，就是马克思主义哲学，这是马克思主义最核心的东西，是指导实践的思想指南。学习马克思主义，首要的、最重要的是学习马克思主义"一以贯之"的哲学世界观、方法论，学会用马克思主义立场、观点、方法分析问题、认识问题、解决问题。

党的领导干部的能力如何、水平如何，关系到全党的执政能力和领导水平如何，关系到执政地位的巩固与否，关系到中国特色社会主义事业的发展与否，而领导干部的素养、能力、水平，最终取决于干部的哲学思维能力。

关于干部学习，毛泽东同志讲："以研究思想方法论为主。"邓小平同志说："现在，有些人发议论，往往只看现象，原因是理论和实践都没有根底"，"现在我们的干部中很多人不懂哲学，很需要从思想方法上、工作方法上提高一步"。陈云同志说："要把我们党和国家领导好，最要紧的，是要把领导干部的思想方法搞对头。因此，首先要学哲学，学习正确的观察问题的思想方法。如果对辩证唯物主义一窍不通，就总是要犯错误。""现在我们在新形势下，全党仍然面临着学会马列主义、毛泽东思想的立场、观点、方法分析和解决问题这项最迫切的任务"，"学好哲学，终生受益"。所谓思想方法，就是思想路线问题，就是世界观、方法论问题，就是哲学问题，思想方法论就是指哲学世界观、方法论，就是让领导干部真正掌握马克思主义的立场、观点和方法。毛泽东同志十分重视干部学习马克思主义哲学，并把学哲学作为解决干部根本思想方法问题的基本途径。毛泽东同志有一个爱好，就是喜欢抄写唐诗，有一首唐诗《登鹳雀楼》，他曾经用毛笔书写过七次。这首诗是唐朝诗人王之涣借山西省永济市中条山鹳雀楼之景象而写意，"白日依山尽，黄河入海流，欲穷千里目，更上一层楼"。毛泽东同志在延安整风讲哲学的时候曾经说过，我们共产党人的眼力不够，要借助马克思主义哲学的世界观和方法论作为政治上的望远镜。他把马克思主义的世界观和方法论当作政治上的望远镜，认为学习马克思主义哲学世界观和方法论就好比登高，登高一层，就看得更远，"欲穷千里目，更上一层楼"。邓小平同志认为毛泽东思想的精髓就是实事求是的思想路线。实事求是的思想路线就是哲学精髓，邓小平抓住这个根本，结合中国实际，解决了发展中国特色社会主义这个主题。

第六，克服自满，学习到底。

有一句话："活到老，学到老，人生八十能生巧。"毛泽东同志去世前还在坚持学习，为我们树立了光辉的学习榜样。毛泽东同志说："学习一定要学到底，学习的最大敌人是不到'底'。自己懂了一点，就以为满足了，不要再学习了，这满足就是我们学习运动的最大顽敌……我们采取学到底的方针，一定可以克服自满的坏现象。"① 学习的敌人是自满，一定要克服自满情绪、骄傲情绪。我院有的同志认为，我们就是搞学问的，每天都在读书，不用再专门学习了，这也是一种自满情绪。越是做学问的，越要多学马克思主义，而不是不学或少学。

毛泽东同志 1939 年 5 月 20 日在中央干部教育部召开的学习运动动员大会上讲话时提出："要把全党办成一个大学校。"他说："有句古话：'人到五十五，才是出山虎'。那末，你若是五十四岁的话，还是青年呢，哪有不可学的道理?!……现在我们这个干部教育制度很好，是一个新发明，是一个新发明的大学制度。讲到大学，我们这里有马列学院，抗日军政大学，女子大学等，这都是很好的。在外边有北京大学、复旦大学等等，在外国有牛津大学、巴黎大学等等，他们都是学习五年、六年便要毕业，叫做有期大学。而我们这个大学，可算是天下第一，叫做无期大学，年纪大一点也没有关系，只要你是活着，都可以进我们的大学……所以进学校是可以进，但是这只是进一个门而已，要求得更进一步的学问，一定要在学校外边学习，要长期地研究。"② 学习马克思主义，是永远不能毕业的，要学习到底。因此，毛泽东同志向全党发出的学习口号是："全党的同志，研究学问，大家都要学到底，都要进这个无期大学。要把全党变成一个大学校。"

克服自满，学习到底，必须下决心坐下来认认真真、仔仔细细、勤勤苦苦地读书学习。学习精神有一个，就是"勤"，古人讲："业精于勤，荒于嬉"，"书山有路勤为径，学海无涯苦作舟"，要提倡刻苦勤学的精神。学习办法有两个：一个是"挤"，一个是"钻"。"挤"是解决没有时间学习的办法，"钻"是解决看不懂的

---

① 《毛泽东文集》第 2 卷，人民出版社 1999 年版，第 184—185 页。
② 同上书，第 185 页。

问题。毛泽东同志说："'没有功夫'，这已成为不要学习的理论、躲懒的根据了。共产党员不学习理论是不对的，有问题就要想法子解决，这才是共产党员的真精神。在忙的中间，想一个法子，叫做'挤'，用'挤'来对付忙。"

"再一个问题是看不懂。这种情形的确存在，有的同志'宁可挑大粪，不愿学理论'。忙可以'挤'，这是个办法；看不懂也有一个办法，叫做'钻'。如木匠钻木头一样地'钻'进去。看不懂的东西我们不要怕，就用'钻'来对付。""非把这东西搞通不止，这样下去，一定可以把看不懂的东西变成看得懂的。"我在中央党校当教员时承担过《费尔巴哈论》的授课任务，一开始有些学员看不懂，就说什么"费尔巴哈，费力巴拉，不如看辅导材料、听老师讲，看原著，越看越糊涂"。这就是没有钻进去，后来这些学员钻进书本了，一个月下来，就把马克思主义哲学的基本道理搞明白了，他们又说："《费尔巴哈论》是马克思主义哲学的百科全书。"毛泽东同志还说："正面搞不通，可以从旁的方面着手，如打仗一样，顽强的敌人，正面攻不下，就用旁袭侧击，四面包围，把它孤立起来，这样就容易把它攻下。学习也是一样，正面的东西一时看不懂，就从旁的东西看起，先打下基础，就可以一点一点地搞通正面的东西。""工作忙就要'挤'，看不懂就要'钻'，用这两个法子来对付它，学习是一定可以获胜的。"① 我们一定要坚持毛泽东同志提倡的"挤""钻"办法，学好马克思主义。

同志们这次到党校住宿学习，我再提几点要求，希望同志们做到、做好。

---

① 《毛泽东文集》第2卷，人民出版社1999年版，第180—182页。

第一，听从校长、老师管理。

同志们到党校来学习，一切行动要听指挥。听谁的指挥？听校长、老师的指挥和管理。同志们要实行三个转变：由领导干部到普通学员的转变，由工作岗位到学习岗位的转变，由家庭生活到集体生活的转变。尽管学习时间不长，也要求大家做到，"一切行动听指挥"，服从管理，实现"三个转变"。

第二，遵守校规校纪。

无规矩不成方圆。党校办学也有规矩，如作息时间、请假制度……这些校规校纪是保证党校正常教学与学习秩序的。我希望同志们做遵守校规校纪的模范，按时起床、就餐、上课、自习，离开校园要请假，这些规矩请同志们记牢、遵守。正己者才能正人，只有做到自己遵守纪律，才能教育好别人。我相信，同志们都是主要负责同志，会认真做到这一点的。

第三，甘坐冷板凳。

这次到党校住校学习，同志们只有一个任务，就是读几本马克思主义经典著作，没有其他任务，任务单一明确。同志们要集中精力，静下心来，心无旁骛地读书学习。一是院、所的事交给其他同志去办，实在需要本人出面的，可以放在下一周；二是研读好指定的书，不要干别的事、读别的书、写其他文章，"两耳不闻窗外事，一心只读马列书"。就这几天时间，希望同志们静下心来，坐得住，读有所获，学有所成。

第四，做好读书笔记。

俗话讲："好记性不如烂笔头。"读马列经典著作既要动眼，又要动手，还要动脑。动眼，就是逐字逐句地读书；动手，就是拿笔杆子，或做眉批，或做随记；动脑，就是要思索、要分析，多问几个为什么。只有动眼、动手、动脑，才能够一步一步地做到精读精通。最后要求同志们写一篇读书笔记，这是检验同志们学习效果如何的一个方式。

希望同志们在党校学习期间，注意饮食卫生，注意睡眠锻炼，注意保重身体，"好好学习，天天向上"。

解决好"为什么学、学什么、怎么学"的问题[*]

（2012 年 5 月 28 日）

在即将迎来党的十八大胜利召开之际，在院创新工程顺利推进之时，我院举办所局主要领导干部马克思主义著作读书班，具有十分重要的意义。读书班的举办，是贯彻落实中央领导同志关于"领导干部要重视学习马克思主义经典著作"指示要求的重要举措，也是深入推进全院学习型党组织建设和创先争优活动的有效载体。院党组对办好这次读书班非常重视，陈奎元同志审阅了有关方案，并提出明确要求，党组成员分期驻会并进行指导。读书班集中学习结束后，院党组成员还要对每位同志的读书笔记逐一进行阅评。

第一期读书班已于 5 月 21—25 日举办，由李慎明同志负责，李捷同志、武寅同志、李秋芳同志和黄浩涛同志驻会指导并参加了学习研讨活动，我作了动员报告，我和高全立同志出席了总结交流大会。大家认真读书，深入研讨，严格律己，举办得很成功。这期读书班由我负责，我和高全立同志、李扬同志驻会，希望大家共同努力，取得更大的成绩。

去年，党组在研究生院良乡新校园举办了两期所局主要领导干部马克思主义著作读书班，研读马克思主义经典著作，取得显著成

＊ 本文系作者在 2012 年所局主要领导干部马克思主义著作读书班上的讲话。

效，得到同志们的广泛认可和好评。许多同志对那次学习感触颇深，收获颇多，在各种场合向党组织提出，希望能够定期举办这样的读书交流活动，推动马克思主义的学习，在全院党员干部中营造学习研讨马克思主义的浓厚氛围，努力提高领导干部和科研骨干运用马克思主义立场、观点、方法指导哲学社会科学研究的能力和水平。正是由于这项活动在推动干部学者提高马克思主义理论素养方面发挥了引领示范作用，形成了自己的风格特色，成为中央国家机关系统学习型党组织建设的一大亮点。前不久，在中央国家机关工委组织开展的"十大学习品牌"评选展示活动中，我院有两项品牌活动受到工委表彰，一项是由我院与工委、文化部联合举办的"部级领导干部历史文化讲座"，获得"中央国家机关示范学习品牌"；另一项是我们举办的所局主要领导干部马克思主义读书班，获得"中央国家机关优秀学习品牌"。这充分说明，举办所局领导干部马克思主义著作读书班，无论对于促进干部个人成长，还是加强党的建设工作，都是一件意义重大、影响深远的事情。为此，党组决定今年继续举办所局领导干部马克思主义著作读书班，并且将学员范围扩大到全体所局级领导干部。党组还要逐步在全院形成覆盖所局领导干部、青年学者、研究室学术骨干、机关干部和全体党员干部的全方位、多层次的马克思主义理论武装工作格局。

今天上午的开班动员会，我想主要围绕解决读马克思主义的书"为什么学""学什么""怎么学"的问题，讲几点意见，供同志们参考。

一　围绕解决"为什么学"的问题，充分认识学习的重要意义

举办所局领导干部马克思主义著作读书班，是党组作出的重要

部署，是加强全院所局领导班子思想政治建设的重要举措，同时也为理论学术研究沿着正确方向发展提供了重要保证。具体来说，可以从以下四个方面理解举办读书班的重要意义。

一是贯彻中央精神，建设马克思主义学习型政党的需要。胡锦涛总书记在建党90周年重要讲话中指出，"理论上的成熟是政治上坚定的基础，理论上的与时俱进是行动上锐意进取的前提，思想上的统一是全党步调一致的重要保证"。马克思主义经典著作蕴含和集中体现着马克思主义基本原理，是马克思主义理论的本源和基础，是人类思想史上不朽的丰碑。认认真真、原原本本地研读马克思主义经典著作，是我们党一以贯之的优良传统，也是今天我们增长知识、开阔眼界、增加思想深度和训练战略思维的重要途径。去年以来，中央领导同志就领导干部学习马克思主义经典原著提出明确要求，中宣部、中组部就学习马克思主义经典原著作出具体部署，举办这次读书班，就是贯彻落实中央精神的重要举措。新世纪新阶段，我们党作出建设马克思主义学习型政党的重大战略部署，抓好科学理论武装这个根本，不断提高党员干部的马克思主义理论素养，是建设马克思主义学习型政党的首要任务和推进学习型党组织建设的根本要求。抓好理论武装，保持党的纯洁性和先进性，最重要的就是要解决我们的党员和党员领导干部的理想信念和信仰问题。不解决这个问题，我们党就很难把自身建设好，很难完成领导这样一个宏大中国特色社会主义建设事业的重任。理想信念和信仰问题说到底是个理论问题，只有从理论上彻底接受了马克思主义，才能树立坚定的共产主义信仰。有了坚定的信仰，有了远大的理想，才能不畏艰险，不畏各种诱惑，坚定不移地去克服各种困难。我们学习马克思主义，就是解决一个理想信念问题，解决一个信仰问题，解决一个理论的彻底性问题。只有理论上是彻底的，理想信念才不会动摇，政治信仰才坚定。今天摆在我们党面前的一个最大危险，就是一些党员甚至党的领导干部理想信念和信仰的动摇。如果一个国家缺失占主流意识形态地位的信仰，这个国家是危险的。如果一个党缺失政治信仰，缺失理想信念，这个党也是危险的。加强马克思主义经典著作的学习，是党员干部系统掌握马克思主义基本原理，增强马克思主义信仰，坚定共产主义理想信念和中国特色社会主义共同理想，从源头上完整准确地理解中国特色社会主义理论体系的最佳途径，是学会运用马克思主义的立场观点方法来分析和解决重大现实问题的基本前提。

二是深入贯彻落实十七届六中全会精神，为迎接十八大营造良好氛围的需要。去年召开的党的十七届六中全会对坚持中国特色社会主义文化发展道路、建设社会主义文化强国作出战略部署，把繁荣发展哲学社会科学作为推动社会主义文化大发展大繁荣的一项重要任务，深刻阐述了关系哲学社会科学事业的一系列带有方向性、根本性的问题，确立了我国哲学社会科学建设的总体目标和要求。全会召开后，党组把学习贯彻六中全会精神作为今后一个时期的中心工作和首要政治任务，推动全院兴起学习贯彻六中全会精神的热潮，并以启动实施哲学社会科学创新工程为契机，把学习贯彻全会精神活动引向深入。这次读书班安排的马克思主义经典学习篇目，把《论文化建设——重要论述摘编》列为重要内容，这对于深入落实全会精神有着重要意义。大家要紧密联系党领导人民进行文化建设的生动实践，紧密联系文化改革发展的具体实际，不断深化对党的文化建设理论的学习理解，更好地用党的文化建设理论成果武装头脑、指导实践，促进社会主义文化大发展大繁荣。

今年下半年，我们党要召开第十八次全国代表大会。这是我们党在全面建设小康社会关键时期和深化改革开放、加快转变经济发展方式攻坚时期召开的一次十分重要的会议，对于我们党团结带领全国各族人民继续全面建设小康社会、加快推进社会主义现代化、开创中国特色社会主义事业新局面具有重大而深远的意义。历史表明，每逢重大历史关头，我们党都把加强马克思主义理论学习的任务提到全党面前。在党的十八大召开前夕，如何将党员干部的思想统一到中央决策和部署上来，是各级党组织担负的一项重大政治任务。举办读书班，就是为了更好地统一思想，提高认识，为十八大胜利召开营造良好的政治舆论氛围。

三是应对当前国内国际形势和各种挑战的需要。当前，我们党面临的国内外环境错综复杂。从国内形势来看，随着我国进入经济转型的加速期和社会矛盾的凸显期，各类社会热点问题叠加出现，人们的思想观念和行为方式也随之发生了深刻变化，思维方式更加活跃、价值取向更加多样、利益诉求更加多变，人们在接触新事物、新观念过程中，容易受到各种思想文化的渗透和影响。从国际上看，世界范围内不同思想文化之间的交流、交融、交锋日趋频繁，国外一些敌对势力面对我国成为世界第二大经济体的发展现实，其遏制中国的企图和行动不但没有减弱，反而变本加厉，其中一个重要手段就是借党和国家领导班子换届之际，不断加强意识形态渗透，制造思想混乱，妄图煽动对党和政府的不满情绪，妄图使我们重蹈苏共亡党的历史覆辙。中国共产党作为以马克思主义为指导的先进政党，运用马克思主义分析中国国情，为中国人民所选择的社会主义道路是唯一正确的历史选择，引导中国人民所走的中国特色社会主义道路是把马克思主义基本原理与中国革命、建设、改革实践相结合的必然结果。无论过去、现在和将来，马克思主义都应当成为全体共产党人的精神支柱，成为全党、全国各民族人民团结一致、共同奋斗的思想基础。面对错综复杂的形势，只有大力提高党员干部的马克思主义理论素养，加强对思想理论界的有力引导，澄清各种错误观点和模糊认识，才能自觉抵制西方资产阶级意识形态的渗透，才能真正高举起马克思主义这一契合时代使命和人民要求的理论旗帜。

四是推动哲学社会科学创新工程，建设中国特色、中国风格、中国气派哲学社会科学的需要。六中全会提出了实施哲学社会科学创新工程，建设具有中国特色、中国风格、中国气派哲学社会科学的目标任务。中央领导进一步强调了这个问题，指出要努力走出一条哲学社会科学领域的自主创新之路，在坚持社会主义先进文化前进方向、弘扬中华传统文化优秀成果的基础上，立足中国特色社会主义建设实践，不断概括出理论联系实际的新概念、新范畴、新表述，努力形成有说服力、感染力、影响力的中国学术话语体系，推动我国哲学社会科学走出去。我们一定要充分认识到，走中国特色的哲学社会科学创新道路，是不断推进马克思主义中国化、时代化、大众化的必然要求，是哲学社会科学繁荣发展的必由之路，也是增强我国哲学社会科学在世界上的影响力、感召力的迫切需要。

科学的本质在于创新，创新是理论发展和学术进步的不竭动力。历史和现实表明，当代中国哲学社会科学的价值、未来与尊严，只能来源于马克思主义理论在中国特色社会主义实践中的进一步丰富和发展，来源于当代中国学者结合中国具体国情独立自主的探索与思考。作为哲学社会科学工作者，既不能把马克思主义的只言片语当作神圣不可触犯的教条以代替独立思考、代替对具体问题的研究，更不能将西方价值理念视为所谓的"普世价值"。中国哲学社会科学的发展，必须在坚持马克思主义指导地位的前提下，立足当代，服务大局，最终克服和超越西方所谓"国际主流学术"话语的支配力。

与党和人民对哲学社会科学自主创新的这一要求相比，目前我院科研工作和科研队伍建设还存在一些亟待解决的问题，有针对性地解决存在的突出问题，最根本的就是提高哲学社会科学队伍的理论素养。从这个意义上看，对哲学社会科学工作者来说，只有学好马克思主义，才有主心骨，才能真正瞄准理论学术发展的前沿，打造理论学术名牌，才能建好言、献好策、出好主意，不断增强我国哲学社会科学在国际学术界的影响力。

二 围绕"学什么"的问题，明确学习的主要内容和要求

读书班共安排五天学习时间，前三天以研读马克思主义经典著作为主，后两天以进一步学习创新工程文件为主。下面我分别就这两方面的内容，谈几点意见。

（一）集中精力学好马克思主义经典著作，努力提高马克思主义理论素养，增强运用马克思主义立场、观点、方法指导哲学社会科学研究及各项工作的能力

马克思主义理论素养是领导干部的必备素质，是保持政治上坚定的思想基础。领导干部要提高自己的理论素养，必须坚持学习马克思主义理论。马克思主义经典著作是全人类更是共产党人的宝贵精神财富，是我们党的信仰之本、理论之源、事业之基。只有认真学习马克思主义经典著作，系统掌握马克思主义基本原理，才能创造性地运用马克思主义立场、观点、方法去分析和解决我们面临的实际问题。

提高我们运用马克思主义指导科研的能力，是党组强调的一个极其重要的问题，也是院党组对所局领导干部的基本要求。落实中

央提出的"三个定位"要求，努力把我院建设成为马克思主义的坚强阵地、我国哲学社会科学研究的最高殿堂、党中央国务院重要的思想库和智囊团，这就要求我们必须抓住党和人民关注的重大理论和现实问题，作为科研的主攻方向。特别是当前，中国特色社会主义事业发展处在改革开放的攻坚期、全面建设小康的关键期。在这个关键的攻坚阶段，摆在全党面前的一系列重大理论和现实问题，需要我们研究，给予马克思主义的回答。我们党的自身建设也存在着一系列迫切需要加强和改进的问题，也需要我们从理论与实践的结合上加以探讨，给予科学的解答。经过初步的思考，我把这些重大理论和现实问题归纳为十大关系问题，以供同志们在学习过程中针对实际，深入思考。当然，同志们也可以概括出更多的问题，我这里只起到一个抛砖引玉的作用。

第一，坚持四项基本原则与坚持改革开放的关系。

十一届三中全会确定了我们党的"一个中心，两个基本点"的基本路线，即以经济建设为中心，坚持四项基本原则，坚持改革开放。这条基本路线是我们党总结共产主义运动的历史经验、苏东失败的深刻教训、我国社会主义建设的宝贵经验，根据中国具体国情特点，而提出来的正确的政治路线。基本路线是管方向、管根本的政治路线，关系到中国特色社会主义事业成功与否。1989 年邓小平同志指出，"要继续贯彻执行十一届三中全会以来的路线、方针、政策，连语言都不变。十三大政治报告是经过党的代表大会通过的，一个字都不能动"。① "党的十三大概括的'一个中心，两个基本点'对不对？两个基本点，即四个坚持和改革开放，是不是错了？""我们没有错。""我们原来制定的基本路线、方针、政策，

---

① 《邓小平文选》第 3 卷，人民出版社 1993 年版，第 296 页。

照样干下去，坚定不移地干下去。……基本路线和基本方针、政策都不变。"① 在南方谈话中，他强调："要坚持党的十一届三中全会以来的路线、方针、政策，关键是坚持'一个中心，两个基本点'。基本路线要管一百年，动摇不得。"② 四项基本原则是立国之本，如果不坚持四项基本原则，那我们就不是社会主义了，不搞社会主义，既不能救中国，也不能发展中国。邓小平同志指出，"四个坚持本身没有错，如果说有错误的话，就是坚持四项基本原则还不够一贯"。③ "是否坚持社会主义道路和党的领导是个要害。整个帝国主义西方世界企图使社会主义各国都放弃社会主义道路，最终纳入国际垄断资本的统治，纳入资本主义的轨道。""如果我们不坚持社会主义，最终发展起来也不过成为一个附庸国"。"只有社会主义才能救中国，只有社会主义才能发展中国"。④ 改革开放是强国之路。如果没有改革开放，没有大胆的改革、大胆的开放、大胆的创新，我们国家也不可能取得如此伟大的成就，也就没有社会主义中国的今天。邓小平同志指出："社会主义基本制度确立以后，还要从根本上改变束缚生产力发展的经济体制，建立起充满生机和活力的社会主义经济体制，促进生产力的发展，这是改革，所以改革也是解放生产力。过去，只讲在社会主义条件下发展生产力，没有讲还要通过改革解放生产力，不完全。应该把解放生产力和发展生产力两个讲全了。"⑤ 坚持四项基本原则与坚持改革开放，二者不可偏废，缺一不可。稍有偏差，就会出现错离，甚至带来重大危害。邓小平同志强调："在整个改革开放的过程中，必须始终注意坚持四项基

① 《邓小平文选》第 3 卷，人民出版社 1993 年版，第 305、307 页。
② 同上书，第 370—371 页。
③ 同上书，第 305 页。
④ 同上书，第 311 页。
⑤ 同上书，第 370 页。

本原则。""资产阶级自由化泛滥，后果极其严重。特区搞建设，花了十几年时间才有这个样子，垮起来可是一夜之间啊。"① 中国特色社会主义道路就是坚持社会主义方向的改革开放之路。离开四项基本原则讲改革开放，就会走到资本主义的邪路上去。

第二，巩固完善社会主义制度和改革创新社会主义体制的关系，也就是制度和体制的关系。

这里讲的制度是指国家的根本的、基本的经济制度和政治制度，制度决定国家性质和发展方向。我国是社会主义国家，决定我们国家性质的是社会主义制度，是人民民主专政的政治制度，以公有制为主体的，以按劳分配为主体的经济制度，这是社会主义最基本的制度。我国社会主义"三大改造"完成以后，就确立了社会主义制度。政治制度就是毛泽东同志在《论人民民主专政》一文中所讲的国体问题。服务于制度并从制度衍生出来的具体形式为体制，政治体制也就是毛泽东同志所讲的政体问题。制度、国体是管根本性质、基本方向的。制度决定体制，国体决定政体。社会主义公有制制度与市场经济相结合，就形成社会主义市场经济体制，资本主义私有制与市场经济相结合，就形成资本主义市场经济体制。当然，体制、政体也有相对独立性，有一定的中性。譬如计划经济体制、市场经济体制，既可以与公有制相结合，也可以与私有制相结合，它是手段，不决定一个国家的根本性质。资本主义政体，有君主立宪制，也有总统立宪制，但不论叫女王、总统，还是叫首相，都是政体问题，改变不了资本主义基本政治制度。计划经济体制或市场经济体制，是经济制度的具体体现，是由制度决定的，并服务于制度。在社会主义制度下实现计划经济体制还是市场经济体制，

① 《邓小平文选》第3卷，人民出版社1993年版，第379页。

这就是体制问题。体制对制度有反作用，政体对国体也有反作用。适当的体制可以发挥制度本身的优越性，但体制如果不合适，制度的优越性也发挥不出来。改革开放之前，我们实行的是僵硬的高度集中的计划经济体制，体制不适当，使社会主义制度的优越性被束缚住了。改革开放三十年，我们党最成功的是确立了社会主义市场经济体制。把社会主义的基本经济制度与社会主义市场经济结合在一起，这是我们党改革开放三十年做成功的一件大事，也是我们党的理论创新和实践创新。邓小平同志指出："计划多一点还是市场多一点，不是社会主义与资本主义的本质区别。计划经济不等于社会主义，资本主义也有计划；市场经济不等于资本主义，社会主义也有市场。计划和市场都是经济手段。"① 一方面，我们要改革创新经济体制，巩固和完善社会主义市场经济体制，发挥好市场经济积极的一面，当然也要特别注意防止市场经济消极的一面，用社会主义制度来制约和控制市场经济消极的一面，使我们的制度优势与市场经济体制优势更好地结合起来，发挥更大的制度优越性。如果把制度与体制割裂开来，只讲社会主义制度，忽略体制的改革创新，又会走到过去的老路上去，社会主义优越性就发挥不出来。如果不坚持、巩固、完善社会主义制度，市场经济的消极面就会扩大，就会走到两极分化的歪路上去。

第三，发展生产力与实现共同富裕的关系，也就是做大蛋糕与分好蛋糕的关系，即效率和公平的关系问题。

邓小平同志讲："社会主义的本质，是解放生产力，发展生产力，消灭剥削，消除两极分化，最终达到共同富裕。"② 社会主义的本质就是发展生产力，实现共同富裕。发展生产力和实现共同富裕

---

① 《邓小平文选》第 3 卷，人民出版社 1993 年版，第 373 页。
② 同上。

都是体现社会主义本质的东西，邓小平同志把社会主义本质的东西结合在一起了。在社会主义条件下，发展生产力的根本目的是共同富裕，是消灭剥削，而不是什么贫富悬殊、两极分化。社会主义与资本主义的根本区别是什么？就是社会主义发展生产力的目的是要实现共同富裕，这一点与资本主义有着根本的不同。资本主义在几百年的发展过程中，经历自由竞争资本主义、垄断资本主义两个历史阶段，严重两极分化，一方面是资产阶级财富的高度集中，一方面是工人阶级贫困的积累，阶级对立严重，工人运动风起云涌，造成极大的社会动荡，工人阶级和劳动群众的反抗斗争几乎把资本主义置于崩溃的境地。不能说剥削阶级社会不发展生产力，但它在发展生产力进程中制造了两极分化和阶级剥削，最终导致生产力的大破坏。在当代资本主义发展过程中，资产阶级总结历史教训，在发展生产力的同时，为了保住资产阶级的整体和长远利益，不至于激起劳动阶级的反抗和斗争，采取一系列办法注意解决贫富差距过大的问题。当然，资本主义内在基本矛盾决定了它是不可能从根本上解决两极分化问题的。做大蛋糕和分好蛋糕、效率与公平是辩证的，相辅相成的。体现为生产和分配的关系问题。生产决定分配，但是分配反过来也会影响生产。生产是生产力，分配是生产关系，生产力与生产关系是对立统一的。发展生产力是根本，但是发展生产力的同时，如果解决不好分配问题，公平出了问题，生产关系出了问题，也会影响生产力发展，就谈不上效率了。当前社会上出现的很多矛盾跟分配出了问题有极大关系。邓小平同志认为，如果两极分化，我们就不能说是社会主义，社会主义就要失败，国家就要出乱子。邓小平同志早在1993年就提出，要在20世纪末到21世纪初，利用一切手段，利用一切方案，突出地解决好共同富裕的问题。

　　第四，毫不动摇地巩固和发展公有制经济与毫不动摇地鼓励、支持和引导非公有制经济发展的关系。

　　公有制为主体、多种所有制经济共同发展是我国社会主义初级阶段必须坚持的基本经济制度。两个"毫不动摇"，是我们对社会主义基本经济制度的态度。坚持公有制为主体，对中国特色社会主义发展来讲，是个根本性的东西。生产资料归谁所有，即所有制问题，是生产关系的根本问题，是决定一个国家性质和走向的最重要的东西。丢了为主体的公有制这个根本，就不是社会主义了，我们国家就会失去正确的发展方向，就会走到误党误国的道路上去。生产资料归谁所有决定分配问题。所有制决定分配，解决当前分配领域存在的问题，不能仅仅就分配讲分配，只在分配上做文章，还要从所有制问题、生产资料归谁所有问题上通盘考虑，统筹解决。坚持以公有制为主体，这是避免两极分化、实现社会主义共同富裕的根本保障。坚持以公有制为主体，就涉及巩固和发展国有企业以及国有企业改革创新的问题。要不要巩固和发展国有企业，是一个对待社会主义基本经济制度的态度问题。否定国有企业，就是否定公有制为主体，就是否定社会主义制度。有些人认为公有制无法与市场经济结合，中国国有企业应该私有化，只有"国退民进"，中国才能发展。这是来自西方经济学的观点，也是西方资本主义所希望发生的事情。如果真这样做了，我们就真的成了西方的附属国，走了资本主义道路了。当然，这不等于否认当下我国的国有企业有缺点。国有企业本身存在一些弊端，不断地推进国有企业的改革创新，兴利除弊，把国有企业搞得更好，是完全必要的。对国有企业，既要坚持发展国企，同时也要不断改革创新，改掉它的弊端，让它不断发展壮大。国有企业没有了，公有制为主体也就不存在了，社会主义就不存在了。发展非公经济，这是由今天我国国情所决定的。我国正处于社会主义初级阶段，生产力还不发达，要动员一切社会力量、一切社会资本发展社会生产力，这就需要发展私营企业等一切非公经济。但是发展非公有制企业，本身还有一个对非公有制企业的引导和管理的问题，还有一个宏观调控问题。非公有制企业也有弊端，如它受市场利润驱动而造成的自发倾向是会带来许多消极因素的。对非公企业要引导它、管理它、调控它，发挥它积极的一面，引导、管理、限制它消极的一面。

坚持基本经济制度，还有一个发展农村经济，实现农业现代化的方向问题。在推进城市一体化和社会主义新农村建设进程中，怎样认识和对待农村集体经济问题，是事关我国社会主义农村现代化、事关中国特色社会主义全局的大问题。我国农村现行的体制是集体经济条件下的家庭联产承包责任制。土地是国家和集体的，这是大前提，这是"统"的方面。把土地承包给个人，长期保持不变，由农民家庭经营，这是"分"的方面。我国农村现行体制就是统分结合的体制。"统"体现了社会主义公有制的制度方面、农村集体经济方面，"分"体现了农民土地个人承包经营的体制方面。农村现行体制是与我国的基本经济制度——以公有制为主体、多种所有制经济共同发展相一致的，可以把集体经济的优越性和个人的积极性都发挥出来。这种体制的好处是充分调动了农民个人的生产积极性。过去在人民公社"一大二公"的旧体制条件下，农民不自由，生产力被束缚、限制住了，积极性发挥不出来，所以才有安徽小岗村农民的联合签名，迈出土地承包的第一步。实行家庭联产承包责任制，就打破了农村束缚生产力发展的僵死的体制，真正让农民得到解放，让农村生产力得到发展。1982年农村改革，我到贵州农村调研，住在土家族农民家里，与农民同吃、同住、同劳动，一住半个月。当地农民说，现在自由了，想种地就种地，想养鸡就养鸡，没有管死，农民个人有了积极性。这是农村经济体制"分"的层次，也是调动个人积极性的层次。但是农村经济体制还有个"统"的层次，就是土地属于国家和集体所有，要发展农村集体经济。农村集体经济组织是农村劳动群众集体所有生产资料，首先是土地，进行合作和协同生产、交换等经营活动的经济组织形式，是我国社会主义公有制的一个重要组成部分，体现了我国社会主义基本经济制度。《中华人民共和国宪法》第一章第六条明确规定："中华人民共和国的社会主义经济制度的基础是生产资料的社会主义公有制，即全民所有制和劳动群众集体所有制。"我们党、我们的社会主义制度，在农村，就要维护和发展大多数农民群众的利益，这就要求我们在发展农村经济中始终注意发展壮大集体经济，保持其在农村经济中的主体地位，这是在我国农村避免两极分化、实现农民共同富裕的制度保障，也是党的农村工作的基本原则。只有把农村集体经济搞上去，才能从根本上解决城乡差别、农村不同区域不同群体的差别，才能真正在农村实现共同富裕的小康社会。我们党在农村基层组织和基层政权的凝聚力才能增强。党依靠农村集体经济才能联系农民群众，才能巩固党的执政基础。有人主张农村实行土地私有化，要彻底分光，取消集体经济，其后果不堪设想。中国农业下一步的发展，必须实行农业现代化。所谓农业现代化，就是农业的市场化、产业化、商品化、机械化、工业化和城镇化。农业要用工业的办法来生产，形成产业化、市场化、商品化的农业，真正办成现代化大农业，这是中国农业发展的根本方向和基本出路。土地分割到个人，不成规模，不能统一进行大面积机械化、工业化耕种。以家庭为单位独立生产经营，能力不足，势单力薄，形不成社会化生产力。马克思认为，个人必须以群的联合力量和集体行为来弥补个人能力的不足。现在我国有些地方开始出现农业合作社或合伙、股份农业公司一类的新型集体经济组织，几家、几十家联合在一起，共同经营。这样做，不仅提高了个人生产力，而且在合理分工基础上的协作扩大了，管理水平提高了，机械化、现代化水平提高了，创造了一种新型的农村生产力、集体协作的生产力。这体现了未来农业现代化的发展走向。据统计，2011 年全国经工商注册登记的农民新型专业合作社数量超过 52.17 万家，实有入社农户 4100 万户，约占全国农户总数的 16.4% 以上。2011 年年底，北京市农民专业合作组织发展到 4804 户，带动了 43.9 万农户。所以邓小平同志讲，中国农村的现代化，必须有集体经济的第二次飞跃，这就是在家庭联产承包责任制的基础上，实行第二次集体经济的飞跃。这一次飞跃，不是回归到原来"一大二公"的状况，去走回头路。而是否定之否定，在否定原来旧体制的基础上，作出肯定，按照自愿自觉的原则，建立适应当今形势需要的新型农合组织。只有这样，我国"三农"问题才能彻底解决，才能真正实现农业现代化。否则无法从根本上最终遏制农村贫富差距拉大的趋势，无法解决农村落后于城市的状况。当然，农村集体经济的第二次飞跃需要逐步推进，不能靠行政命令，不能操之过急。

第五，我国社会主义初级阶段社会主要矛盾和一定范围内存在的阶级与阶级斗争的关系。

我国社会主义制度建立以后，标志着国内的主要矛盾发生了根本变化。阶级斗争不再是社会的主要矛盾，而主要矛盾转变为不断增长的人民的物质文化需求与相对落后的社会生产之间的矛盾，也就是生产和消费的矛盾。这个主要矛盾决定了发展生产力是社会主义的根本任务，阶级斗争不是根本任务。要以经济建设为中心，不能再以阶级斗争为纲了。十一届三中全会最重要的就是恢复了党的八大关于社会主义初级阶段主要矛盾的正确判断。以经济建设为中心，以发展生产力为根本任务，放弃了以阶级斗争为纲和无产阶级专政下继续革命的理论和路线。我们改革开放三十年之所以成功，正在于这个根本转变，这就是拨乱反正。但是这又带来另一个问题，要不要承认一定范围内的阶级、阶级斗争？怎么看待当前的阶级、阶层的变化和阶级斗争的动向？我认为，社会主义初级阶段是有阶级存在的，也是有一定范围阶级斗争存在的。比如说，不能说工人阶级和农民阶级这两大阶级不存在了。我们党是工人阶级政党，如果工人阶级不存在了，那么我们这个党还有必要存在吗？消灭三大差别，城乡差别、工农差别、脑体差别，其中城乡差别和工农差别说到底是工人阶级和农民阶级之间的阶级差别。我们今天的社会主义社会初级阶段是消灭了阶级对阶级的整体剥削，消灭了阶级对阶级的整体对立，消灭了阶级对阶级的整体矛盾的社会阶段，但是还是有阶级差别，有阶级矛盾，甚至有一定范围内的阶级斗争存在。要正确认识和处理好我国目前社会主义初级阶段阶级和阶级斗争问题。

第六，实现人民民主与对少数人实行专政的关系，也就是民主与专政的关系。

人民民主是社会主义的本质要求。所谓人民民主，是在社会主义条件下，让最大多数人享有最广泛的民主权利。然而为了保证人民民主，就必须对极少数人实行专政。民主与专政是不可分的。社会主义国家除了领导宏观经济发展的职能，还有对外防止侵略、对内对极少数敌人实行专政的职能。任何剥削阶级国家，包括资本主义国家，都不会放弃专政职能。毛泽东同志指出，我国实行的人民民主专政的国体，是把实行最广泛的民主与对少数人的专政结合起来。四项基本原则，其中一个原则就是坚持人民民主专政。坚持社会主义道路，必须坚持人民民主专政。邓小平同志指出："依靠无产阶级专政保卫社会主义制度，这是马克思主义的一个基本观点。""对人民实行民主，对敌人实行专政，这就是人民民主专政。运用人民民主专政的力量，巩固人民的政权，是正义的事情，没有什么输理的地方。"[①] 在讲民主的同时，要讲专政，不能只讲一个方面而忽视另一个方面，专政是保卫民主的。但是，民主是一个过程，是具体的、历史的。工人阶级政党公开讲工人阶级主张的民主，不是全人类的民主，而是绝大多数人的民主，是对少数人专政。资产阶级鼓吹自己的民主是普世的、全民的，实际上任何资产阶级民主都是有限的、少数人的民主。当然，在保证少数人的民主的同时，它也会有限度地扩大对其他公民的民主。但这并没有改变资本主义少数人民主的本质。

第七，最大限度地满足人民的物质利益需求与加强思想道德建设的关系，也就是物质与精神、经济建设和思想道德建设、物质文明和精神文明的关系。

毛泽东同志指出，物质可以变精神，精神可以变物质。这次学习《费尔巴哈论》，恩格斯讲到全部哲学的最高问题，就是思维和存在的关系问题，也就是物质和精神的关系问题。物质决定精神，精神反过来还能转变成物质。一切精神都为还原于物质，物质是本原的、第一性的。但是物质和精神又具有同一性，可以相互转化。"文革"之前我们走过一段弯路，在指导思想上，曾一度过分强调精神的力量，主观唯心主义多了些。"大跃进"有句口号，叫"人有多大胆，地有多大产；不怕想不到，就怕办不到"，过分夸大精神的能动力量，强调过头了。"四人帮"大批"唯生产力论"，大搞主观唯心主义，反对抓生产，反对给人民群众以看得见的物质利

---

① 《邓小平文选》第3卷，人民出版社1993年版，第379页。

益。改革开放，拨乱反正，党强调要发展生产力，满足人民的物质利益需求，调动了人民的积极性，取得了辉煌的成就。但是，今天对精神的反作用，文化、理论、思想、道德的力量是不是有所忽视，值得我们深思。1996 年，我到美国德克萨斯州访问，有个群众团体，叫道德协会，专门用道德和舆论的力量来约束官员的道德问题，它不是法律机构，也不是反贪局，更不是纪委，是用道德的力量来约束官员。在市场经济发展的今天，一定要给社会注入精神的力量。一个社会如果没有精神的追求、道德的追求、价值的追求和信仰的追求，这个社会是没有生命力的、没有希望的。加强社会主义核心价值体系教育，解决理想、信念和道德问题，是完全必要的。理论问题是解决信仰问题的根本。今天，在加强物质文明建设的同时，更要加强精神文明建设，加强思想道德建设。

第八，正确认识和处理新时期人民内部矛盾和构建社会主义和谐社会的关系，也就是矛盾与和谐的关系。

今天为什么强调构建社会主义和谐社会？因为面对着错综复杂的人民内部矛盾和诸多社会矛盾，需要我们协调，需要我们解决。正因为有矛盾，才要和谐，正因为要和谐，才要解决矛盾。构建社会主义和谐社会，关键是有效地协调各方利益关系，化解人民内部矛盾，才能赢得全社会的真正稳定与和谐。

正确处理人民内部矛盾，是构建社会主义和谐社会，建设中国特色社会主义的必然要求。我们知道，现实世界是充满矛盾的，充满辩证法的，矛盾和辩证法就是一切事物，包括人类社会的客观存在，是一切事物，包括人类社会的本来面貌。马克思主义的辩证唯物主义世界观和方法论，科学地反映了客观世界的规律和本来面貌。面对今天错综复杂的矛盾局面和局势，我们一定要学会运用马克思主义的辩证唯物主义世界观和方法论，观察分析处理人民内部矛盾和诸多社会矛盾。辩证唯物主义世界观和方法论的核心和实质是什么呢？列宁指出，对立统一规律是辩证法的核心和实质。[①] 对立统一规律，也就是矛盾规律，是宇宙间的根本规律，对立统一观点，即矛盾观点，是马克思主义辩证唯物主义的基本观点。什么叫对立呢？对立就是矛盾，什么叫统一？统一就是和谐。对立统一，就是在矛盾的化解中求得社会的和谐。我们运用对立统一的观点来观察世界，就叫世界观，运用对立统一的观点来解决现实矛盾，就叫方法论。毛泽东同志是正确灵活运用马克思主义辩证唯物主义世界观和方法论的典范。我们都知道，毛泽东同志有两部重要的著作，一部叫《矛盾论》，是在战争年代写的。在中国革命和战争的关键时刻，他运用辩证唯物主义的世界观和方法论，分析了中国社会的矛盾，得出了中国革命的正确的战略和策略，巧妙地处理了中国革命的矛盾和问题，赢得了人民战争的胜利，建立了新中国的政权。《矛盾论》是马克思主义辩证唯物主义的光辉的经典著作。在和平建设时期，毛泽东同志又写了一部《关于正确处理人民内部矛盾的问题》，是在社会主义建设时期用对立统一观点观察和分析问题，解决人民内部矛盾的理论指南。今天构建和谐社会，一定要深刻理解这两部著作的精神，学会运用马克思主义辩证唯物主义的世界观和方法论解决现实矛盾和问题。在这两部著作中，毛主席把对立统一观点概括为三个重要的观点：第一，矛盾无处不在，无时不有；第二，矛盾是事物存在的普遍规律和根本法则，是一切事物发展的内在源泉和动力；第三，要运用对立统一的观点，即矛盾的观点看待和处理人民内部矛盾和诸多社会矛盾。用这三个观点来看待我们今天的社会，不存在有还是没有矛盾的问题；也不存在好矛盾

[①] 《列宁选集》第 2 卷，人民出版社 1995 年版，第 556—560 页。

坏矛盾的问题，因为矛盾的存在是客观的，始终的，是不以人的意志为转移的。无所谓有矛盾无矛盾，也无所谓好矛盾坏矛盾。矛盾不解决是坏事，矛盾解决了是好事。旧矛盾解决了，新矛盾又产生了，事物就是在不断地解决矛盾中发展的。所谓和谐社会，不是否定矛盾，而是强调社会在解决矛盾的过程中求得统一、求得和谐、求得前进。

一定要高度重视正确处理人民内部矛盾，对于构建社会主义和谐社会的极端重要性。由于复杂的国内国际因素，两种不同性质的矛盾在我国长期存在，一定范围的阶级斗争在特定条件下还有可能激化，但突出地、大量地、经常地表现出来的是人民内部矛盾。人民内部矛盾是我国社会现阶段人际关系上的主要矛盾，是政治生活的主题。正反经验表明，坚持正确处理人民内部矛盾的主题，抛弃以阶级斗争为纲的错误做法，始终把发展作为执政兴国的第一要务，社会就和谐，事业就发展；否则，社会就动荡，现代化建设事业就受挫折。

第九，树立共产主义远大理想与树立中国特色社会主义共同理想的关系。

我们党有最高纲领，是实现共产主义，这是远大理想。我们党也有当前目标和最低纲领，就是要建设富强、民主、文明、和谐的社会主义现代化国家，实现中国特色社会主义共同理想。最高纲领和最低纲领是统一的，远大理想与当前目标是统一的。没有远大理想，当前目标就没有方向和动力；没有当前目标，远大理想就是空的。远大理想不是空的，要首先实现中国特色社会主义共同理想，才能一步一步达到最高理想。最高纲领和最低纲领、远大理想与共同理想，哪一个都不能少。只有最低纲领而没有最高纲领，只有共同理想而没有远大理想，人的行动就成为断了线的风筝，没有方向。但是只有远大理想没有共同理想，只有最高纲领而没有最低纲领，远大理想和最高纲领也不能实现。

第十，奉行独立自主的和平外交政策与构建和平良好的外部国际环境的关系。

坚持独立自主的和平外交政策是社会主义制度所决定的，是由复杂的国际环境所决定的，是由国际斗争中社会主义与资本主义两种前途、两条道路的斗争所决定的。坚持独立自主的和平外交政策，就是要坚持原则，该斗争就斗争，目的是为了维护正义与公平，创造良好的国际环境。独立自主最重要的就是在国际斗争中坚持原则，坚持正义。比如说反对一切外国军事干涉任何国家的内政，这就是原则。当然另一方面还要讲两手策略，还得讲在一定条件下的韬光养晦，讲灵活的斗争策略。

总之，我觉得这十大问题，或者说十大关系，需要进行深入研究。今天把题目出给大家，就是希望同志们在学习的过程中，共同思考，共同探讨。

学好马克思主义经典著作，要注意把握以下几点。

一是要精选精读。学习马克思主义经典著作，首先要精选。马克思主义博大精深，马克思主义著作卷帙浩繁，要保障学习效果必须进行精选。其次要精读。精读马克思主义经典著作，要挤出时间，静下心来，认认真真、踏踏实实地读，不要应付地读。精读马克思主义经典著作，要放到当时的历史条件下，放在马克思主义的发展进程中，紧密联系当前的现实问题去学，不要孤立地读。精读马克思主义经典著作，要带着问题去读，根据专题系统研读马克思主义经典作家的论述，不要盲目地读。精读马克思主义经典著作要把学习马克思主义经典作家的重要著作与学习中国特色社会主义理论体系紧密结合起来，分清哪些是必须长期坚持的马克思主义基本原理，哪些是需要结合新的实际加以丰富发展的理论判断，哪些是必须破除的对马克思主义的教条式的理解，哪些是必须澄清的附加在马克思主义名下的错误观点。

二是要领会实质。学习马克思主义经典著作贵在掌握精神实质。应着力把握其中的基本原则、基本观点、基本结论。这些原则、观点和结论集中体现了马克思主义的科学性和真理性，需要我们完整、准确、深入地学习，努力掌握贯穿其中的马克思主义立场、观点和方法，学懂弄通马克思主义基本原理。

三是全在于应用。学习马克思主义经典著作，最根本的是要学会应用马克思主义的立场、观点、方法分析问题、解决问题、指导实践，完整准确地学习掌握和运用马克思主义。毛泽东在《整顿党的作风》一文中指出："对于马克思主义的理论，要能够精通它、应用它，精通的目的全在于应用。"[1] 1978 年 6 月 2 日，邓小平在全军政治工作会议上的讲话中指出："主要的是要用马克思主义的立场、观点、方法来分析问题，解决问题。马克思主义的活的灵魂，就是具体地分析具体情况。马列主义、毛泽东思想如果不同实际情况相结合，就没有生命力了。"[2] 如果马克思主义经典著作背得滚瓜烂熟，但思想境界、工作方法却毫无提高和改进，这样的研读并无多大意义。因此，在研读马克思主义经典著作时，一定要把学习与思考统一起来，把理论与实际结合起来。只有这样，才能提升思维水平和思想境界，增强认识世界和改造世界的能力。学习马克思主义经典著作，要牢牢掌握马克思主义最本质的东西，着力反对马克思主义"过时论""无用论"，自觉抵制各种非马克思主义、甚至反马克思主义思想的侵蚀，捍卫马克思主义的指导地位，永葆

---

① 《整顿党的作风》，人民出版社 1953 年版，第 7 页。
② 《邓小平文选》第 2 卷，人民出版社 1994 年版，第 118 页。

科学理论的旺盛生命力。

这次读书班本着少而精的原则，研读部分马克思主义经典著作，我们安排《路德维希·费尔巴哈和德国古典哲学的终结》（以下简称《费尔巴哈论》）和中宣部、中央文献研究室组织编选的《论文化建设——重要论述摘编》作为马克思主义经典著作的重点研读内容。

1. 关于学习《费尔巴哈论》需要准确把握的核心内容和基本观点。

《费尔巴哈论》的核心思想是论述马克思主义哲学的产生、基本内容及其意义。其核心内容和基本观点：一是揭示了马克思主义哲学的理论来源，阐述了马克思主义哲学实现的革命性变革及其意义。二是提出并论述了哲学基本问题。为划分哲学基本派别提供了科学的依据。三是阐述了历史唯物主义的基本原理。揭示了人类社会发展的客观规律；指出了人民群众是历史的创造者；阐述了阶级斗争的作用和根源；论述了经济基础对上层建筑的决定作用。

2. 深刻领会《费尔巴哈论》的理论价值和现实意义。

《费尔巴哈论》在马克思主义哲学发展史上具有重要地位。这一著作在新中国成立后又重印过多次，并长期被列为党员干部的必读书目。《费尔巴哈论》阐述的一系列基本原理和方法，今天看来仍然具有重要的现实意义。学习《费尔巴哈论》有助于我们深刻领会恩格斯关于哲学基本问题的论述，牢固掌握其基本观点，始终坚持辩证唯物主义的思想路线和工作路线；有助于我们分析认识各种社会历史现象；有助于我们深化对党的群众路线的认识；有助于我们掌握马克思主义正确对待人类文明成果的科学态度和方法，善于吸收包括中国传统思想文化优秀成果在内的人类文明成果，发展马克思主义，发展中国特色社会主义文化。

3. 学习《论文化建设——重要论述摘编》需要准确把握的主要内容。

中央宣传部和中央文献研究室编辑的《论文化建设——重要论述摘编》一书，为我们学习十七届六中全会精神提供了重要教材，适应了把学习贯彻全会精神进一步引向深入的需要，具有很强的现实意义。

《摘编》分八个部分，收入毛泽东、邓小平、江泽民、胡锦涛同志关于文化建设的重要论述 320 多段。这些重要论述，内涵丰富、思想深刻，集中反映了我们党在革命、建设、改革的不同历史时期关于文化建设的指导思想、方针政策和丰富经验。主要应从以下几个方面来把握我们党关于文化建设的重要思想。

第一，要深刻理解文化建设重要地位的重要意义，深入领会毛泽东、邓小平、江泽民、胡锦涛对于文化建设重要地位的重要论述。第二，深刻理解关于文化建设指导思想的重要意义，深入领会坚持和巩固马克思主义在我国意识形态领域的指导地位的重要论述。第三，深刻理解关于坚持文化建设基本方针的重要意义，深入领会在马克思主义的指导下，指导文化建设的基本方针的重要论述。第四，深刻理解建设社会主义核心价值体系的重要意义，深入领会关于建设社会主义核心价值体系的根本任务、指导思想、基本内容的重要论述。第五，深刻理解关于繁荣发展文化事业和文化产业的重要意义，深入领会满足人民的精神文化需求，始终是我们党推进文化建设的出发点和落脚点的重要论述。第六，深刻理解关于文化创新和文化体制改革的重要意义，深入领会今天推动我国文化创新和体制机制改革的重要论述。第七，深刻理解关于文化人才队伍建设的重要意义，深入领会文化建设，队伍是基础，人才是关键的重要论述。第八，深刻理解关于党对文化建设的领导的重要意义，深入领会我们党进一步提高领导文化建设的能力和水平的重要论述。

希望同志们充分利用自习时间，认真研读《论文化建设——重要论述摘编》，力争有新的收获。

（二）认真学习创新工程文件，进一步提高认识，推动实施哲学社会科学创新工程

本着理论联系实际的原则，这次培训班我们安排了创新工程文件的学习和研讨内容。向大家印发了中央领导同志关于中国社会科学院创新工程的重要批示精神、院领导同志关于创新工程的讲话，以及创新工程的文件汇编。读书班期间，请李秋芳同志作关于创新工程的专题报告，请科研局、人事教育局和财计局的主要负责同志分别就创新工程的科研、人事、财务等方面的改革创新问题进行讲解，还安排了专题讨论。希望大家结合实施创新工程工作，认真学习文件，深入思考问题。

实施哲学社会科学创新工程，是我院建设和发展过程中一件具有里程碑意义的大事，也是我院科研生产方式的一次深刻变革，体现了中央对繁荣发展哲学社会科学事业的新要求，在全院乃至全国社科界引起了强烈反响，必将大大激发广大科研人员和管理人员的积极性、创造性，进一步解放和发展科研生产力。创新工程是我院全年工作最大的亮点，凝聚着党组顶层设计的智慧和付出的心血。三位中央领导对我院创新工程工作同时做出重要批示，高度肯定我院创新工程的方向和做法，对下一步发展做出指示，提出要求，在我院历史上极其罕见。

创新工程的实施为我院的发展、为哲学社会科学的发展提供了难得的机遇，抓不住就稍纵即逝。如果这次我们错过了机会，今后再找这样的发展机遇，不能说没有，但是很困难。因此，希望在座的同志们为社科院的发展，为哲学社会科学的发展树立机遇意识、竞争意识。实施哲学社会科学创新工程，形象地说，我们社科院正在爬坡，而且爬的是一个陡坡，我们要爬到哲学社会科学发展的最高峰，需要付出艰苦的劳动。中央对社科院提出"三个定位"的要求，我们就要往"三个定位"的高峰上攀登。哲学社会科学创新工程必须完成两位一体的创新任务：第一，理论学术观点的创新；第二，体制机制的创新。在这个创新过程中，我们要努力出成果出人才。这次我们安排读书班，前一段是学经典，后一段是结合工作来讨论创新工程，目的就是进一步统一思想，提高认识。我们要在党组和陈奎元同志领导下，树立爬坡意识，奋力实施好创新工程。

我院哲学社会科学创新工程关系重大，前途光明，已经成为繁荣发展我院哲学社会科学事业的主题词，必须以百倍的信心、昂扬的斗志，团结拼搏，扎实工作，努力谱写我院新的更加辉煌的篇章。

三　围绕"怎么学"的问题，从思想上高度重视，务求读书班取得实效

这次读书班由党组主办，党组成员分批驻会参加读书研讨交流活动。希望大家充分认识这次院党组举办读书班的重要意义，珍惜这个难得的机会，集中精力学习，深入研讨问题，做到学有所得、学有成效。在此，我提几点具体希望和要求。

（一）集中精力，真正静下心来读书。这次读书班的主题很明确，就是把同志们集中起来，排除干扰，静下心来，认认真真、原原本本地阅读马克思主义经典著作。大家要认真学习指定篇目和相关文件材料。要通过读书学习，进一步深化对举办读书班重要意义

的认识，深化对坚持马克思主义指导地位、用马克思主义中国化最新成果统领哲学社会科学研究工作的认识，深化对加快哲学社会科学创新体系建设的认识。切实把思想统一到中央精神上来，统一到党组的决策部署上来。要把学习成果转化为推进工作的思路，进一步增强做好意识形态工作的责任感和使命感，增强推动实施哲学社会科学创新工程的自觉性。

（二）深入思考，充分研讨交流。希望同志们弘扬理论联系实际的学风，在研读马克思主义经典著作的基础上，结合各自的学科特点，紧密联系中央和国家大局、改革和发展中遇到的一些重大理论和现实问题，紧密联系我院实施哲学社会科学创新工程的实际，紧密联系干部群众的思想实际，进行深入研究和思考。办好这次读书班，一个很重要的环节就是要搞好小组讨论，这也是切实提高学习和研讨质量的重要保证。去年的读书班，每次研讨就是一次小型的学术讨论会。希望今年的研讨交流，还要发扬这种民主的风气，畅所欲言，相互切磋，共同提高，形成浓厚的学习风气和讨论风气。要针对读书班的基本要求和学习中的问题，重点围绕如何巩固马克思主义在哲学社会科学领域的指导地位，如何把马克思主义中国化的最新成果贯彻到科研工作之中，如何增强理论工作的针对性、实效性、吸引力、感染力，如何推进马克思主义学科建设，如何加强意识形态工作，如何深入推进哲学社会科学创新工程等重要问题，认真进行讨论和交流，使读书班成为一次深化认识的讨论会，成为一次推动工作的交流会。各小组召集人要按照读书班确定的专题，切实担负起责任，认真组织好小组讨论。

（三）勤动手笔，做好读书笔记。这次读书班给同志们安排了不少自学时间，和去年一样，为大家统一发放了笔记本，要求同志们在学习时，撰写好读书笔记，院党组成员将认真阅读同志们的读书笔记，并逐一写出评语。可以说，读书笔记是检验同志们学习效果如何的一个重要标志。当然，不能为写读书笔记而写读书笔记。读书笔记，既可以是重要语句的摘抄，但更多的是让自己的思想认识通过文字再现出来，通过逐字逐句阅读马列经典著作，迸发思想火花，及时记录自己的思考成果和心得体会，一步一步做到精读精通。

（四）遵守纪律，发挥带头作用。参加读书班的全体同志都要模范遵守读书班的各项管理规定，严格执行读书班的各项要求，外出注意安全。学习期间，学员要尽量做到不请假、不会客，准时参加各项活动，确需请假的要按程序报批。在座的都是各单位的领导干部，希望大家在学习中发挥模范带头作用，做认真学习、勤于思考的模范。

大兴学习之风*

（2013 年 5 月 28 日）

今天，我代表党组作一个简略的动员，主要谈三个问题。

一　关于学习的目的

举办这次读书班不是研究具体问题，也不是读哲学社会科学更广泛的书籍，主是学习马克思主义理论。学习马克思主义理论，一是读原著，除了要读马克思、恩格斯、列宁的著作外，还应该读毛泽东、邓小平、江泽民、胡锦涛、习近平同志的著作和讲话。我们今天学习的习近平同志的一系列重要讲话就是原著。二是读中央文件。这些著作和文件里面都贯穿着马克思主义的基本立场、观点和方法，认真学习这些原著可以提高我们的理论素质和政治水平。

党组为什么这么重视学习原著？从中国社会科学院的性质、定位和作用看，中国社会科学院是党中央领导的意识形态的重要阵地，是思想文化的重要战线，是党领导下的马克思主义的坚强阵地、党中央国务院的思想库和智囊团、中国哲学社会科学的最高殿堂。这"三个定位"充分说明了我院的性质，因此，我们必须要把

---

* 本文系作者在 2013 年所局级主要领导干部马克思主义著作读书班上的讲话。

坚定正确的政治方向和学术导向放在第一位，其中政治方向就是党中央所要求的要高举中国特色社会主义旗帜，坚定不移地走中国特色社会主义道路，要以马克思列宁主义、毛泽东思想、中国特色社会主义理论体系为指导思想，具体到今天就是要始终和以习近平同志为核心的党中央保持思想理论政治上的一致。可以说，我院的性质、定位、作用要求我们必须将正确的政治方向和学术导向放在第一位。

从中国社会科学院的每个人来看，每个人都有一个自觉地接受马克思主义世界观、方法论指导的问题，尤其是处在领导岗位的局长、书记、所长、主任们。我们常说自然科学没有阶级性，但自然科学也有为什么人服务的问题，还有用什么世界观、方法论指导的问题。比如爱因斯坦，列宁曾讲过，爱因斯坦是接受辩证唯物主义立场、世界观和方法论指导的。我读过爱因斯坦的《相对论》，书中大量地讲到了哲学问题，讲哲学问题还不是指一般的、具体的哲学概念，而是辩证唯物论的基本世界观和方法论，没这样的世界观为指导，他就不会创立相对论，因此，自然科学需要以正确的世界观和方法论为指导。与自然科学相比，哲学社会科学中的相当一部分学科是有阶级性的，即使没有阶级性的那部分也有为什么人服务，受什么世界观、方法论指导的问题。从这个意义上看，作为哲学社会科学工作者更应自觉接受先进的世界观和方法论的指导，对马克思主义的立场、观点和方法的把握是我们坚持正确的政治方向和学术导向的关键。我在中央党校工作时，曾经聘请钱学森同志为中央党校的特约教授。钱学森同志每年到中央学校讲课，除了讲航天航空等科技知识，大量的内容讲的是辩证唯物主义和历史唯物主义的世界观、方法论。钱学森不仅在航空航天的事业上为党做出重大贡献，我作为中央党校的工作人员，感受到他对马克思主义哲学发展高度重视，高度自信。我曾经在翻阅钱学森的笔记时看到，他对我在 1987 年，在《光明日报》上发表过的一篇文章写了好几页的读书笔记，我感到受宠若惊。这个例子更加说明哲学社会科学工作者，特别是哲学社会科学战线上担任相当职务的同志应当自觉地接受马克思主义世界观、方法论。社科院的所长、书记不要小看自己，你们能否把住一个所、管住一个战线，关键在于我们的主要领导同志头脑中有没有马克思主义的立场、观点、方法这根弦。

就担负着建设马克思主义的坚强阵地、党中央国务院的思想库和智囊团、中国哲学社会科学的最高殿堂的咨政育人的重要任务而言，我们必须加强自身的学习，这需要我们共同创造学习的氛围和条件。没有特殊情况，我们每年必须集中三天以上时间进行集体学习，再忙也要学，事情再多也要放下。毛主席说："政治路线确定之后，干部就是决定的因素。"① 我们现在的思想、理论、道路、制度，中央说得很清楚，能不能坚定不移地按照党中央的思想、路线来做工作，关键就在于领导干部。从党组到党委，抓好社科院，要靠思想、要靠路线、要靠理论，关键还要靠所长、书记等主要负责同志。但是社科院的宣传思想工作和宣传部门不一样，和电影、电视不一样，我们要善于通过学术、学理和说理，而不是标语、口号来体现正确的政治方向和学术导向，要把马克思主义的政治理论寓于学术之中，加以推进。

从马克思列宁主义到当今的习近平同志的一系列重要讲话，其中的马克思主义的立场、观点和方法一以贯之、一脉相承。马克思主义的立场就是指要站在人民的立场、劳动大众的立场上考虑问

---

① 《毛泽东选集》第 2 卷，人民出版社 1991 年版，第 526 页。

题，比如，今天我们就是要考虑我国农村人民怎么办？两亿五千万进城的农民工怎么办？马克思在十七岁时，就指出要把自己的幸福和全人类的幸福连在一起，这就是立场。

马克思主义的观点就是马克思主义最基本的观点，如世界是物质的，物质是运动的，运动是有规律的，规律是可以认识的；对立统一是世界上一切规律中最核心的规律，对立统一就是在解决矛盾过程中求得统一；历史是人民创造的，历史发展的最终原因是生产力，这些最基本的观点用毛泽东同志的话讲叫"放之四海而皆准"。

马克思主义的方法就是用这些观点去看事、去办事，去解决问题。立场、观点、方法加在一起就是世界观，世界观同时用在具体看问题上，就是方法论。马克思主义就是我们从事学术研究的解剖刀，很多大师正是因为接受了马克思主义才有了更大的成绩。我们要通过读马克思主义原著、学习中央文件和领导讲话，体会一以贯之的立场、观点、方法，来武装自己，认识世界，解决哲学社会科学研究中遇到的问题，这就是我们办这个班的目的。

二 重点学习习近平同志系列重要讲话

这次读书班重点学习党的十八大以来习近平同志的一系列重要讲话和中央的重要文件，包括我们宣传口主要领导的重要讲话。这些讲话和文件也是原著，也是马克思主义。当前要通过学习这些讲话和文件，理解什么是中国特色社会主义理论体系，并通过学习中国特色社会主义理论体系，掌握马克思主义基本的立场、观点、方法。要理解其中一以贯之、一脉相承的东西是什么，怎么看当前问题，怎么样解决这些问题。这次学习要做到四个结合：要把学习马克思主义与学习马克思主义中国化的一系列成果，特别是习近平同志的一系列重要讲话结合起来；要把学习马克思主义与学习党史、国史结合起来；要把学习马克思主义与学习中央的文献和中央文件结合起来；要把学习马克思主义与解决当前重大理论和现实问题结合起来。昨天刘奇葆同志来我院视察，去了金融所、人口所、马研院和历史所，然后听取工作汇报，他对我院工作作了重要指示，我们也要学习落实。

习近平同志的一系列重要讲话，我多次仔细研读。我认为，学习习近平同志的一系列重要讲话是学习党的十八大精神的继续深入，习近平同志的一系列重要讲话是对党的十八大精神的进一步补充、丰富、发展、创新，是针对当前实际问题的关于党的指导思想和马克思主义立场、观点、方法的阐述，体现了我们新一届党中央的新思想、新观点、新看法。如果我们不学习好习近平同志的重要讲话精神，就跟不上中央的步伐，就要掉队。他的重要讲话主要包括以下几个方面：一是关于高举中国特色社会主义旗帜，坚持中国特色社会主义理论体系，坚定不移地走中国特色社会主义道路，坚持中国特色社会主义制度；二是关于对马克思列宁主义、毛泽东思想和中国特色社会主义理论体系的进一步阐发；三是关于坚决反对资产阶级意识形态、反对新自由主义，做好意识形态工作；四是关于进一步深化社会主义改革开放，抓好经济工作，发展社会主义生产力；五是关于中国梦和实现中华民族伟大复兴的战略目标问题；六是关于坚定不移地推进反腐倡廉建设；七是关于加强党的建设，改进工作作风，密切联系群众；八是关于加强学习、提高我们全党的思想水平和政治水平；九是关于当前重大国际问题的方针、路线和政策。我梳理了几个大的方面，希望同志们在学习中梳理得更深一些。

在学习习近平同志重要讲话之余，我还给大家推荐了一篇文章《文章大家毛泽东》，希望大家看一看。这篇文章我已经阅读了5遍，文章的作者是梁衡同志，他是人民日报社退下来的副主编，我认为他的散文写得不错。这篇散文是他所有散文中最具政治性的散文。我给大家念一段："毛泽东说，革命夺权靠枪杆子和笔杆子，但他自己却从没拿过枪杆子，笔杆子倒是须臾不离手，毛笔、钢笔、铅笔，笔走龙蛇惊风雨，白纸黑字写春秋。那种风格、那种语言、那种气派，是浸到骨子里，溢于字表、穿透纸背的，只有他才会有。中国是个文章的国度，青史不绝，佳作迭出。向来说文章有汉司马、唐韩柳、宋东坡、清康梁，群峰逶迤，比肩竞秀。毛泽东算一个，是历史群山中一座巍峨的高峰。"这不是一个低峰，是高峰，毛泽东超过了所有人。从历史的角度看，梁衡概括的是不是有缺陷，中间是不是有遗漏，这个暂且不讨论。我想说的是，作者认为毛泽东的文章，第一位的是气势，没有人有他的气势，文章有文章的气势，讲话有讲话的气势，毛泽东的气势是马克思主义者雄才大略的气魄。体现毛泽东同志气势的《蝶恋花·答李淑一》那首诗非常经典。第一句话是"我失骄杨君失柳，杨柳轻飏直上重霄九。"这是何等意境，何等气势。毛泽东每首诗都很有气势。我到岳阳，记得在汨罗江边屈原投江的地方有一个屈子祠，想去看一看。屈子祠原来盖在江边上，现在的屈子祠离江边已经很远了，老百姓相传屈原投江的地方已经成为一片草地。我去看的屈子祠是清代的，有一首毛泽东写的诗，诗中说"屈子手中一把刀"，把屈原的笔比喻作刀，"拿起笔作刀枪"，以笔捉刀。毛泽东一生就是靠笔来指挥枪。毛泽东领导的中国革命，靠的是思想，靠的是笔走龙蛇。我们现在学毛泽东文章首先要学他的气势。这篇文章我特意推荐给大家，看了以后同志们会大有感触，大有启发。

三　以好的学风来学习

总体讲，要以好的学风来学习马克思主义著作，学习习近平同志的一系列重要讲话和中央重要文件。

我这里讲的学风不是指学校学生学习的风气，而是对待马克思主义的根本态度。毛泽东讲对待马克思主义的态度有两种，一是主观主义。或者把马克思主义当作教条，即教条主义，也叫本本主义；或者根本不承认马克思主义的理论指导作用，即经验主义。对待马克思主义的正确态度，就是理论联系实际，这就是马克思主义的学风。好的学风要求我们理论联系实际，用马克思主义指导工作实际和思想实际。指导工作实际就是改造客观世界，指导思想实际就是改造主观世界。在改造客观世界的同时改造主观世界，通过改造主观世界以进一步改造客观世界。总而言之，好的学风就是要树立言行一致、实事求是、求真务实、与时俱进的学风。好的作风要密切联系群众，一切从实际出发。

学习班要想取得实效，同志们要注意四个问题，一是认真学习、提高认识。二是深入思考，加强研究。三是联系实际，务求实效。四是以身作则，遵守纪律。希望大家能坐下来认真学习、认真思考。

学习理论、坚定信念、把握方向、提高水平[*]

（2014 年 3 月 24 日）

举办这次读书班的目的是进一步统一思想、凝聚共识，把最近以来的中央精神和习近平同志系列重要讲话精神学深学透，贯彻落实好，加强所局级领导班子建设，加强所局级主要领导干部的纪律建设，提高所局级主要领导干部的马克思主义理论水平，把我院工作做得更好，让中央放心、满意，让人民放心、满意。

我院举办的所局级主要领导干部马克思主义著作读书班今年已经是第四次了。第一次重点学习了《共产党宣言》，第二次重点学习了《路德维希·费尔巴哈和德国古典哲学的终结》，第三次重点学习了习近平同志系列重要讲话。这次重点学习《资本论》，请中央党校长期从事《资本论》教学的张燕喜教授为大家作辅导报告。

下面，我讲几点意见。

一　学习马克思主义的重要性

毛泽东同志曾经讲过："如果我们党有一百个至二百个系统地而不是零碎地、实际地而不是空洞地学会了马克思列宁主义的同志，就

---

* 本文系作者在 2014 年所局级主要领导干部马克思主义著作读书班上的讲话。

会大大提高我们党的战斗力量"。① 参加这次学习班的都是我院最关键的领导骨干，如果大家都能系统地而不是零碎地、实际地而不是空洞地学会用马克思主义指导哲学社会科学研究，就能大大地推进繁荣和发展哲学社会科学进程，大大地推进实现中央对我院"三个定位"要求的进程。

从今天的实际看，可以从三个方面认识学习马克思主义的重要性。

第一，坚定信念，把握方向。摆在我院第一位的政治要求，就是坚持坚定正确的政治方向和学术导向。方向问题至关重要，能不能坚定不移地坚持党的正确方向和路线，走中国特色社会主义道路，是衡量领导干部政治素质到底怎样的试金石。从思想上来说，方向问题说到底是理想信念问题。有了正确的理想信念，才能有坚定的方向，有了正确的理想信念，"骨头"才能硬，才有主心骨。正确的理想信念靠彻底的理论才能确定，理论越彻底，理想信念越坚定。只有读懂弄通马克思主义世界观、方法论，掌握马克思主义，补足"钙"，才能树立坚定的理想信念，才能坚持正确的政治方向和学术导向。坚定信念，把握方向是学习马克思主义要解决的首要问题。

第二，掌握方法，开阔视野。习近平同志要求领导干部，要掌握马克思主义哲学的看家本领。马克思主义哲学就是我们通常讲的马克思主义的立场、观点、方法，就是马克思主义的世界观、方法论。掌握了这个根本的指南和根本的方法，就可以把握住方向，就可以对错综复杂的各种社会现象、对错综复杂的哲学社会科学问题进行全面的、历史的、辩证的分析。顾颉刚曾讲

---

① 《毛泽东选集》第 2 卷，人民出版社 1991 年版，第 533 页。

过："近年唯物史观风靡一世……他人我不知，我自己决不反对唯物史观。"胡适也曾说过："唯物的历史观，指出物质文明与经济组织在人类进化社会史上的重要性，在史学上开一个新纪元，替社会科学开无数门径，替政治学开许多出路，……这种历史观的真意义是不可埋没的。"我国著名"两弹一星"科学家钱学森同志曾经说过："我们的一切科学研究都是以马克思主义哲学为指导的。因此，现代科学技术应该明确，其最高的概括就是马克思主义哲学，也就是辩证唯物主义。"举这些大家们的例子，无非是为了说明学习马克思主义，学习马克思主义的世界观、方法论极端重要，不仅社会科学，还包括自然科学，自觉接受马克思主义指导，就会取得更大的成绩。

第三，提高素质，推动工作。一个人的理论素质有多高，他的理想信念就有多坚定，解决问题的能力就有多高，理论素养是决定一个人政治信仰、政治方向、道德修养和工作能力的决定性因素，也是党领导的哲学社会科学工作者，特别是担负领导责任的同志们的基本功。掌握马克思主义，提高马克思主义理论水平，对推进我院实际工作、推进哲学社会科学研究工作是再重要不过的了。

二　学习的具体内容和意义

这次读书班的主要学习内容有四部分。

第一部分，学习《资本论》。掌握马克思主义的基本立场、基本观点、基本方法，分析资本主义内在矛盾，认清当代资本主义、当代社会主义的发展趋势，认清社会主义市场经济和资本主义市场经济的本质区别，进一步坚定社会主义市场经济的改革取向。学会像马克思分析资本主义的经济状况和内在矛盾那样，运用马克思主义世界观、方法论来分析社会主义市场经济，来分析当代资本主义，为我们认清当代社会主义和当代资本主义发展大势，认清中国特色社会主义发展规律，推进社会主义市场经济体制改革奠定思想理论基础。

第二部分，学习习近平同志两个重要讲话精神。一是学习习近平同志在十八届中央纪委三次全会上的讲话精神，提高反腐败斗争和加强廉政建设的自觉性，增强纪律观念，严守党的纪律，提高遵守纪律的自觉性；二是学习习近平同志在省部级主要领导干部学习贯彻十八届三中全会精神全面深化改革专题研讨班上的讲话，全面地理解中央关于全面深化改革的原则、方向、目标、任务、步骤和要求，提高改革的自觉性，增强道路自信、理论自信和制度自信。

第三部分，学习刘奇葆同志的讲话精神。提高"讲政治、管队伍、守纪律"的自觉性，加强党的意识形态队伍建设，加强意识形态工作的领导权、管理权和话语权，把我院办成党的坚强的意识形态阵地。

第四部分，学习党组结合中央精神所作出的重要决定。一是关于加强领导班子和领导干部队伍建设的若干意见。由胜轩同志代表党组作专题报告；二是关于加强"政治纪律、组织纪律和财经纪律"建设的若干意见。由英伟同志代表党组作专题报告。

再谈谈学习这些内容的意义。

第一，关于学习《资本论》的当今意义。学习《资本论》在当代有重要的意义。一是深刻认识资本主义的本质。虽然资本主义经过自由竞争资本主义、垄断资本主义发展到今天，经过了自由竞争和帝国主义的两个阶段性发展，到了当代资本主义发展阶段，资本主义还是资本主义，资本主义的本质并没有发生根本改变，资本主义的私有制、资本、垄断、对工人阶级和劳动人民的剥削压迫、资产阶级与广大劳动人民的两极分化与对立、商品经济内在的基本矛盾、资本主义的基本矛盾等本质性的东西都没有改变。如果变了，就不可能有金融危机的爆发，就不可能有以美国为首的西方势力对中国特色社会主义的敌视、颠覆、破坏和西化。二是深刻认识资本主义与社会主义两条道路斗争的实质。今天，资本主义与社会主义两个前途、两种命运、两条道路、两种力量的博弈并没有改变。资本主义必然走向灭亡，社会主义必然走向胜利，这是一个不可抗拒的历史潮流并没有改变。当然，虽然中国特色社会主义取得了一定成功，但资强社弱，西强我弱的格局没有改变，社会主义与资本主义在意识形态领域的争夺越发激烈，也没有改变。今天学习《资本论》就是学习马克思主义基本原理。马克思主义的许多具体结论可能会有变化，但马克思主义的基本原理，关于资本主义和社会主义一般规律的认识、对商品经济一般规律的认识，对这些基本规律科学分析背后所透出来的马克思主义立场、观点和方法都没有发生改变。在国际金融危机爆发五年多的历史时刻，在国际形势和世界发生剧烈变化的条件下，要走社会主义市场经济这条中国特色改革创新道路的情况下，重温马克思的《资本论》，发挥作为阵地、智库、殿堂的中国社会科学院的作用非常有现实意义。

第二，关于学习习近平同志在十八届中央纪委三次全会上讲话的意义。习近平同志的讲话，对加强反腐倡廉建设的极端重要性、必要性作了深刻阐述，其中突出强调了加强党的纪律建设问题。关于加强党的纪律建设问题，习近平同志第一次明确提出了"政治纪律、组织纪律、财经纪律"三项纪律问题，特别强调了组织纪律的问题，提出要严明党的组织纪律，增强组织纪律性。他指出，目前，党内组织观念淡薄、组织涣散是应严肃对待的问题。对于我院来说，习近平同志的讲话切中要脉，符合我院存在问题的实际。对于我院来说，组织观念、组织纪律都要严起来，不严起来，就是一盘散沙。如何在新形势下加强党的组织纪律性，是需要我们认真思考和回答的重大问题。习近平同志的讲话对组织纪律的重要性、切实加强党性、切实加强组织纪律、切实加强集体领导民主集中制、反对小圈子、要请示报告等都作了非常严肃的、尖锐的、不讲情面的批评。同志们一定要一字一句地学习，一字一句地照办，解决好我院在严明纪律方面存在的问题。

第三，关于学习习近平同志在省部级主要领导干部学习贯彻十八届三中全会精神全面深化改革专题研讨班上的讲话的意义。讲话对如何把握改革开放的总体目标、按照目标坚持正确政治方向、推进改革，作了全面的论述，我们一定要认真学习领会，贯彻到我院对重大现实问题的研究工作中去，当好党和国家的思想库。

第四，关于学习刘奇葆同志讲话的意义。刘奇葆同志的讲话是专门针对中央宣传文化单位的，专门对加强意识形态建设提出了"讲政治、管队伍、守纪律"的要求，对我院工作具有重要的指导意义。党的领导首要的就是思想政治领导，所长、书记、局长、主任们第一位的领导是思想领导。所长、书记、局长、主任们，不是一般的学术带头人、课题负责人，是意识形态领域的"司令员"和"政委"，带领着一群有纪律、有方向、有理想、有信仰的科研战士。"讲政治、管队伍、守纪律"，治好所、治好院就要认真学习落实刘奇葆同志的讲话。

第五，关于学习党组两个专题报告的意义。胜轩同志的报告是关于如何加强领导班子和领导干部队伍建设；英伟同志的报告是关于如何加强"三项纪律"，特别是组织纪律建设，我院今年反腐倡廉建设重点抓"三项纪律"建设。这两个专题报告同志们要认真听、认真学，认真贯彻，抓好落实。

三 关于我院总体工作思路和切实加强我院纪律建设

正如同志们所讲，我院目前正处在发展的黄金期和上升期，大家一定要珍惜难得的发展机会，抓住机遇，乘势发展，把我院工作做得更好。我院的风帆已经扬起，汽笛已经拉响，航向已经摆正，目标已经确定，现在我们需要的是以坚定的方向，严明的纪律，高昂的斗志，开足马力，乘风破浪，一往无前。

先谈谈我院工作总思路、总要求。

经过这几年的摸索，按照中央的要求，我们基本上把我院的工作大体理清了一个明确的思路，可以叫做"五个三，一个一"。

"五个三"，一是"三大战略"，即科研强院、人才强院、管理强院。"三大战略"是我院强院之宝，科研强院是中心，人才强院是关键，管理强院是保障。二是"三大功能"，即阵地功能、殿堂功能、智库功能，"三大功能"把我院要干什么说得很清楚了。三是"三大风气"，即学风、作风、文风。解决好哲学社会科学为什么人的问题，解决好"三大风气"，是我们始终抓住不放的思想建设、队伍建设的基本任务。四是"三大纪律"，即政治纪律、组织纪律、财经纪律。"三大纪律"建设是我院反腐倡廉的工作重点。五是"三大定位"，即努力把我院建设成为马克思主义的坚强阵地，我国哲学社会科学研究的最高殿堂，党中央国务院重要的思想库和智囊团，这是我院一切工作的努力方向。同志们抓工作就要按"五个三"来抓。

"一个一"，就是哲学社会科学创新工程，是"五个三"落地的实践抓手。创新工程是机遇工程、爬坡工程、改革工程、发展工程、人才工程和希望工程。创新工程使我院的面貌焕然一新,干部职工的精神情绪焕然一新。创新工程还提出了五项制度创新,报偿制度、准入制度、退出制度、配置制度和评价制度。同志们一定要紧紧抓好创新工程不放松,抓出制度来,抓出作风来,抓出人才来,抓出成果来。这是我院的希望之所在,发展之所在。这些要点同志们都要牢记于心,落实在实际行动上。

再谈谈我院存在的问题。

我院总的形势是好的,成绩是主要的,领导干部队伍方向好,是干事的,但也存在一些问题。当前主要存在的问题是"软""懒""散""弱",主要体现在领导干部身上,当然是极少数人身上。"软",就是见了矛盾不敢触动,不敢解决,不敢管理,对错误的言行不敢批评;"懒",就是不干事;"散",就是松散,纪律性差;"弱",就是解决问题的能力差,不得力。存在"四个不适应"问题:思想不适应、作风不适应、能力不适应、干劲不适应。

"思想不适应",就是还跟不上习近平同志的重要讲话要求,表现为对习近平重要讲话认识不到位,理解不透彻,甚至歪嘴和尚念歪经,说到底就是马克思主义的理论功底不够扎实,理论水准不高。

"作风不适应",就是学风、作风、文风不适应,有个别所长治所实行家里办公、网上办公,不与科研人员碰面,还有个别所长只顾个人的学术活动,对全所的活动疏于管理,不放在心上。

"能力不适应",就是"本领恐慌"。1939 年,毛泽东同志在延安在职干部教育动员大会上指出:"我们的队伍里边有一种恐慌,不是经济恐慌,也不是政治恐慌,而是本领恐慌。"① 我们领

① 《毛泽东文集》第 2 卷,人民出版社 1993 年版,第 178 页。

导干部现在正如毛泽东同志所讲的那样存在"本领恐慌",就是治所的管理能力距离党和人民的要求、距离党组的要求、距离全院科研人员的要求还有很大差距,"本领恐慌"最根本的是理论水平恐慌和工作能力恐慌,也就是运用马克思主义指导科研的水平和能力的恐慌,"讲政治、管队伍、守纪律"的水平恐慌,解决实际问题能力的恐慌。有个别书记、所长不知道怎么当书记、怎么当所长,不知道怎样主持党委会、怎样主持所务会,不知道党委会怎么开、怎样议事做决定,不知道怎样坚持集体领导、怎样管干部、用干部,不知道办事要讲什么规矩、讲什么程序、讲什么纪律,不会干事。

"干劲不适应",就是干劲不足,有个别同志有船到码头车到站的思想。不想干事,不愿意干事,过一天混一天算一天。

解决这些问题要靠加强学习、提高认识来解决,要重点抓好"三项纪律",特别是重点抓好"组织纪律"。一是加强组织纪律观念。要树立"四个服从"观念,即个人服从组织、下级服从上级、少数服从多数、全党服从中央。二是加强党的观念。提高党性修养,听党的话。三是加强集体领导,加强民主集中制。今年,要集中力量抓好"党委会",抓好党委领导下的所长负责制,党委会要有记录,会议要形成纪要,班子要合理分工,明确责任。四是建立严格的请示报告制度。五是建立严格的党内组织生活制度,包括"三会一课"制度、党委中心组学习制度等。

四 学习的要求

一要原原本本学。要静下心来,认认真真、原原本本地研读原著、学习文件,做好读书笔记。

　　二要深入思考学。要在研读马克思主义经典著作和学习文件的基础上，深入思考党和国家关注的一些重大理论和现实问题，深入思考我院发展的重大问题，加强思考研讨，形成工作思路和解决措施。

　　三要联系实际学。要紧密联系工作实际，联系思想实际，切实推动工作。

学习马克思主义，坚持马克思主义，发展马克思主义[*]

（2014 年 4 月 4 日）

创办马克思主义学院，招收马克思主义理论博士研究生，培养马克思主义理论骨干人才，这是一项重大的事关长远的战略性举措。关于这件事的重要性，我这里就不再多讲了，主要谈一谈学习马克思主义问题。

"非学无以广才，非学无以明志，非学无以立德"，借用古人的话，针对今天的实际来说，认真学习马克思主义，努力提高运用马克思主义立场、观点、方法观察问题、分析问题、解决问题的能力，是党的建设的首要任务，是保证我们党永远保持旺盛生命力的根本措施，也是中国特色社会主义事业千秋万代永不变色的基本保障。作为马克思主义理论队伍的后备人才，一定要把学习马克思主义、坚信马克思主义、打牢马克思主义的理论功底、提高马克思主义理论素养作为终生追求。

今天，关于学习马克思主义，我讲七个问题。

第一，学习掌握马克思主义的极端重要性。

对于党的马克思主义理论战士来说，必须保持思想政治的清醒、理想信念的坚定。而思想政治上的清醒、理想信念上的坚定来

＊ 本文系作者给中国社会科学院马克思主义学院"马克思主义理论骨干培训计划"首届博士研究生授课讲稿。收入本集时，为避免重复，已作删减。

自于理论上的彻底和牢靠。学习掌握马克思主义,是共产党人的看家本领,也是理论工作者的看家本领。

为什么这么讲?可以引用几段毛泽东同志的指示来说明。

第一段,在 1938 年召开的中共六届六中全会上,毛泽东同志指出:"我们的任务,是领导一个几万万人口的大民族,进行空前的伟大的斗争。所以,普遍地深入地研究马克思列宁主义的理论的任务,对于我们,是一个亟待解决并须着重地致力才能解决的大问题。"① 今天,对于领导 13 亿人口从事发展中国特色社会主义伟大事业的中国共产党来说,普遍深入地学习研究马克思主义和实现马克思主义的中国化,是一个亟待解决并须着重解决的重大问题。

第二段,在同一个时间、同一个场合,毛泽东同志接着指出:"在担负主要领导责任的观点上说,如果我们党有一百个至二百个系统地而不是零碎地、实际地而不是空洞地学会了马克思列宁主义的同志,就会大大提高我们党的战斗力量,并加速我们战胜日本帝国主义的工作。"② 毛泽东同志认为战胜日本帝国主义的关键在于提高党的高级领导干部的马克思主义理论水平。针对当今的情况来讲,如果我们党有一大批系统地而不是零碎地、实际地而不是空洞地掌握了马克思主义的高素质的领导干部和理论骨干,就会大大提高我们党的战斗力,大大加快发展中国特色社会主义事业的进程。

第三段,1940 年 12 月,毛泽东同志在延安接见从前线回来到中央党校学习的同志时说:"没有大量的真正精通马克思列宁主义革命理论的干部,要完成无产阶级革命是不可能的。"③ 政治路线确定之后,干部就是决定的因素。在党的路线正确的前提下,能否贯

---

① 《毛泽东选集》第 2 卷,人民出版社 1991 年版,第 533 页。
② 同上。
③ 《毛泽东年谱》中卷,中共中央文献研究室编著,中央文献出版社 1993 年版,第 248—249 页。

彻落实党的正确路线，关键在于领导干部和理论骨干，在于领导干部和理论骨干的政治理论素质和理论联系实际的能力。领导干部和理论骨干具备不具备较高的素质，首要的就是看有没有过硬的马克思主义理论素养，说到底，就是能不能用马克思主义的立场、观点和方法研究、认识和解决当代中国改革和发展中一系列现实问题的能力。领导干部和理论骨干是否具备这种素质和能力，关系到我们党能不能坚持中国特色社会主义理论体系，发展中国特色社会主义伟大事业。

第四段，1956 年，在中华人民共和国全国人民代表大会第一次会议上的开幕词中，毛泽东同志指出："领导我们事业的核心力量是中国共产党，指导我们思想的理论基础是马克思列宁主义。"[①] 我们国家是中国共产党领导的社会主义制度的国家，我们的目标是建立富强、民主、文明、和谐的社会主义现代化强国，为向共产主义过渡创造条件。毛泽东同志这段话把坚持党的领导和马克思主义指导作为坚持社会主义的两条根本原则。确立了领导我们国家的领导核心是无产阶级的先进政党——中国共产党，指导我们思想的理论基础是马克思主义。保持和发挥马克思主义主流意识形态、指导思想的地位和作用，是我们建设伟大的社会主义国家的首位政治任务。

加强全党马克思主义学习，加强马克思主义理论骨干的培养，不断提高全党马克思主义水平，是我们党不断取得胜利的基本经验和根本保证，我希望同学们对于马克思主义学习，要具有这样的认识高度，牢牢树立学习马克思主义、掌握马克思主义的自觉性。

第二，必须坚持马克思主义理论联系实际的学风。

---

① 《毛泽东文集》第 6 卷，人民出版社 1999 年版，第 350 页。

学习马克思主义的目的,全在于应用。同学们集中一段时间学习马克思主义理论,目的只有一个,为中国特色社会主义的伟大实践服务。

1982年,我到中央党校学习,有幸受到一位中央领导同志的指教。他说:"你们是我们党培养的马克思主义秀才,但千万不要把马克思主义当作吃饭的家伙,当作饭碗,而要当作斗争的武器。"这也一语道破共产党人学习马克思主义的目的。共产党人学习马克思主义的目的不是个人功利主义,而是革命功利主义,不是为了个人做官、走仕途,而是为了"学以致用"。马克思有一句名言:"哲学家们只是用不同的方式解释世界,问题在于改变世界。"① 学习马克思主义目的就是为了解决中国的实际问题,解决工作的实际问题。马克思主义是思想武器,是理论指南,不是解决个人吃饭问题的家伙,不能把学习、研究马克思主义简单地当作一种职业,当作挣钱的工具,当作评职称、解决待遇的台阶,而是为了改造中国,改造世界。今天,我们从事的中国特色社会主义伟大事业,就是改造中国、改造世界的正确道路选择。毛泽东同志说:"对于马克思主义的理论,要能够精通它、应用它,精通的目的全在于应用。"② 是不是用于实践,这就是我们学习马克思主义的目的,也是检验学习马克思主义成效的标准。

具体到作为马克思主义理论骨干后备人才,学习马克思主义的目的是什么呢?也是为了使用,为了针对现实实际,学会运用马克思主义立场、观点、方法分析问题、认识问题、回答问题、解决问题,学会宣传马克思主义、研究马克思主义、传播马克思主义、发展马克思主义。

---

① 《马克思恩格斯选集》第1卷,人民出版社1995年版,第57页。
② 《改造我们的学习》,《毛泽东选集》第3卷,人民出版社1991年版,第815页。

　　学习马克思主义必须坚持正确的学习态度和学习方法，坚持马克思主义理论联系实际的学风。毛泽东同志在 1941 年《改造我们的学习》中指出："我主张将我们全党的学习方法和学习制度改造一下。"① 他分析了当时给党带来危害的坏的学习风气，他说："不注重研究现状，不注重研究历史，不注重马克思列宁主义的应用。这些都是极坏的作风。这种作风传播出去，害了我们的许多同志。"② "许多同志的学习马克思列宁主义似乎并不是为了革命实践的需要，而是为了单纯的学习。所以虽然读了，但是消化不了。只会片面地引用马克思、恩格斯、列宁、斯大林的个别词句，而不会运用他们的立场、观点和方法，来具体地研究中国的现状和中国的历史，具体地分析中国革命问题和解决中国革命问题。这种对待马克思列宁主义的态度是非常有害的，特别是对于中级以上的干部，害处更大。"③ "我们学的是马克思主义，但是我们中的许多人，他们学马克思主义的方法是直接违反马克思主义的。这就是说，他们违背了马克思、恩格斯、列宁、斯大林所谆谆告诫人们的一条基本原则：理论和实际统一。他们既然违背了这条原则，于是就自己造出了一条相反的原则：理论和实际分离。在学校的教育中，在在职干部的教育中，教哲学的不引导学生研究中国革命的逻辑，教经济学的不引导学生研究中国经济的特点，教政治学的不引导学生研究中国革命的策略，教军事学的不引导学生研究适合中国特点的战略和战术，诸如此类。其结果，谬种流传，误人不浅。"④ 毛泽东同志大声疾呼要彻底改造这种坏的学习风气、学习方法和学习制度，提倡理论联系实际的马克思主义学风。

----

① 《改造我们的学习》，《毛泽东选集》第 3 卷，人民出版社 1991 年版，第 795 页。
② 同上书，第 797 页。
③ 同上。
④ 同上书，第 798 页。

什么是理论联系实际？毛泽东同志形象地比喻为"有的放矢"，"的"是靶子，"矢"是箭，"有的放矢"就是说箭一定要射中靶子，把箭拿在手里，不去射中靶子，再好的箭也毫无用处。他说："要有目的地去研究马克思列宁主义的理论，要使马克思列宁主义的理论和中国革命的实际运动结合起来，是为着解决中国革命的理论问题和策略问题而去从它找立场，找观点，找方法的。这种态度，就是有的放矢的态度。'的'就是中国革命，'矢'就是马克思列宁主义。我们中国共产党人所以要找这根'矢'，就是为了要射中国革命和东方革命这个'的'的。这种态度，就是实事求是的态度。"① "应确立以研究中国革命实际问题为中心，以马克思列宁主义基本原则为指导的方针，废除静止地孤立地研究马克思列宁主义的方法"。② 毛泽东同志要求在党校学习的同志学习马克思主义必须做到针对实际问题、说明实际问题，他说："如果你能应用马克思列宁主义的观点，说明一个两个实际问题，那就要受到称赞，就算有了几分成绩。被你说明的东西越多，越普遍，越深刻，你的成绩就越大。现在我们的党校也要定这个规矩，看一个学生学了马克思列宁主义以后怎样看中国问题，有看得清楚的，有看不清楚的，有会看的，有不会看的，这样来分优劣，分好坏。"③ 我们马克思主义学院看一个博士是否合格、优秀，一篇博士论文是否合格、优秀，也要用这个标准来评价。在改革开放新时期，邓小平同志提出，"努力针对新的实际，掌握马克思主义基本理论"。④ 坚持理论联系实际的学风，用马克思主义说明实际问题，是学习马克思主义必须要解决的第一等重要问题。

---

① 《改造我们的学习》,《毛泽东选集》第3卷,人民出版社1991年版,第801页。
② 同上书,第802页。
③ 同上书,第815页。
④ 《邓小平文选》第3卷,人民出版社1993年版,第146页。

　　学习马克思主义，主要学什么？孔子与他的弟子子贡在《论语·卫灵公第三》中有一段对话很说明问题："子曰：'赐也！女以予为多学而识之者与？'对曰：'然，非与？'曰：'非也。予一以贯之。'"翻译成白话文就是："孔子说：'子贡，你认为我是学的很多并能把它们记下来的人吗？'子贡回答说：'是的，难道不是这样的吗？'孔子说：'不对，我只是用一个基本的原则把各种知识、行为贯穿起来。'""一以贯之"，这个成语即出自于此。马克思主义的书很多，原理、观点、结论也很多，学习马克思主义，不是背的东西越多越好，而最根本的是要学习贯穿马克思主义始终的最基本的东西，这就是贯穿马克思主义始终的、一脉相承的世界观、方法论，也可以说是认识问题、分析问题、解决问题的立场、观点、方法，掌握了这个最基本的、一以贯之的东西，就掌握了马克思主义的精髓。马克思主义立场、观点、方法，即世界观、方法论，就是马克思主义哲学，这是马克思主义最核心的东西，是指导实践的思想指南。学习马克思主义，首要的、最重要的是学习马克思主义"一以贯之"的哲学世界观、方法论，学会用马克思主义立场、观点、方法，分析问题、认识问题、解决问题。

　　关于马克思主义学习，毛泽东同志讲，"以研究思想方法论为主"。① 邓小平同志说："现在，有些人发议论，往往只看现象，原因是理论和实践都没有根底"②，"现在我们的干部中很多人不懂哲学，很需要从思想方法上、工作方法上提高一步"。③ 陈云同志说："要把我们的党和国家领导好，最要紧的，是要把领导干部的思想

　　① 《毛泽东书信选集》，中央文献出版社1983年版，第189页。
　　② 《邓小平文选》第2卷，人民出版社1994年版，第382页。
　　③ 同上书，第303页。

方法搞对头"。① 因此，首先要学哲学，学习正确的观察问题的思想方法。如果对辩证唯物主义一窍不通，就总是要犯错误。"②"现在我们在新的形势下，全党仍然面临着学会运用马列主义、毛泽东思想的立场、观点、方法分析和解决问题这项最迫切的任务。""学好哲学，终身受用。"③ 所谓思想方法，就是思想路线问题，就是世界观、方法论问题，就是哲学问题，思想方法论就是指哲学世界观、方法论，就是马克思主义的立场、观点和方法。毛泽东同志十分重视学习马克思主义哲学，并把学哲学作为解决根本思想方法问题的基本途径。毛泽东同志有一个爱好，就是喜欢抄写唐诗，有一首唐诗《登鹳雀楼》，他曾经用毛笔书写过七次。是唐朝诗人王之涣借山西省永济市中条山鹳雀楼之景象而写意，"白日依山尽，黄河入海流，欲穷千里目，更上一层楼"。毛泽东同志在延安整风讲哲学的时候曾经说过，我们共产党人的眼力不够，要借助马克思主义哲学的世界观和方法论，作为政治上的望远镜。他把马克思主义的世界观和方法论当作政治上的望远镜，认为学习马克思主义哲学世界观和方法论就好比登高，登高一层，就看得更远，"欲穷千里目，更上一层楼"。邓小平同志认为毛泽东思想的精髓就是实事求是的思想路线。实事求是思想路线就是哲学精髓，邓小平同志抓住这个根本，结合中国实际，解决了发展中国特色社会主义这个主题。

第三，不断地推进马克思的中国化的创新发展。

1958 年，中共湖北省委创办《七一》杂志，时任湖北省委书记王任重撰写了《学习马克思，超马克思》一文，派人将稿子送武汉大学校长李达征求意见。李达读后说：马克思死了，怎么超？恩

---

① 《陈云文选》第 3 卷，人民出版社 1995 年版，第 360 页。
② 同上书，第 46 页。
③ 同上书，第 362 页。

格斯也没有说过"超"嘛！比如屈原的《离骚》，你怎么"超"？应当是学习马克思主义，发展马克思主义。王任重接受李达的意见，发表其文章时把题目改为《学习马克思主义，发展马克思主义》。

1959 年，还是王任重。毛泽东同志知道他那篇文章题目变化的来龙去脉后，对他讲过一句很有意味的话："不如马克思，不是马克思主义者；等于马克思，不是马克思主义者；只有超过马克思，才是真正的马克思主义者。"是毛泽东同志对马克思不尊敬吗？绝对不是。毛泽东同志曾经有个比喻，对于共产党人来说，马克思就是我们的上帝。作为一个坚定的马克思主义者，对于理论导师的感情是不容置疑的。

毛泽东同志说这样的话是一时戏言吗？绝对不是。其实这是毛泽东同志一以贯之的认识。在这前一年，也就是 1958 年中共八大二次会议上，讲得更加的形象、具体、深入。

1958 年 5 月 8 日，毛泽东同志在会上大声疾呼"破除迷信"，特别是"破马克思"的迷信，"超马克思"。他说："我们大多数同志有些怕资产阶级的教授，整风以后慢慢地不大怕了。是不是还有另外的一种'怕'，即怕无产阶级教授，怕马克思。马克思住在很高的楼上，好像高不可攀，要搭很长的梯子才能上去，于是乎说：'我这一辈子没有希望了。'不要怕嘛。马克思也是两只眼睛，两只手，跟我们差不多，无非是脑子里有一大堆马克思主义。但是，我们在楼下的人，不一定要怕楼上的人。我们读一部分基本的东西就够了。我们做的超过了马克思，列宁说的做的都超过了马克思，如帝国主义论。马克思没有做十月革命，列宁做了；马克思没有做中国这样大的革命，我们的实践超过了马克思。实践当中是要出道理的。马克思革命没有革成功，我们革成功了。这种革命的实践，反映在意识形态上，就是理论。我们的理论水平可以提高，我们要努力。"①

毛泽东同志为什么要说出这样的话呢？这是中国共产党人数十年来坚定坚持马克思主义的经验总结。一定要把马克思主义与中国实际相结合。结合了，就超过了；不断结合，就不断超过。超过，才是发展；发展，才能坚持。根据新的实践，不断推进马克思主义中国化，是坚持和发展马克思主义的必由之路。不断推进马克思主义中国化，也是坚持和发展马克思主义的必由之路。

世界发生了变化，时代出现了阶段性变化，但人类社会发展的必然趋势没有变化，资本主义社会的固有弊端与内在矛盾并没有消除，工人阶级的任务没有改变，人的自由而全面的解放使命没有终结，今日的人类社会依然处于工人阶级不断实现其历史使命的大时代中。科学技术进步了，生产力发展了，世界发生了自马克思主义诞生以来最令人醒目的沧桑巨变，人们认识世界理解世界的范式、内容发生变化了，但世界的本质永远不会改变，自然界与人类社会的不以人的意志为转移的客观规律永远不会改变。"变化中的没有变""没有变中的变化"，马克思对资本主义社会深刻透彻批判的这一基本事实没有变，我们依然处在马克思恩格斯所判断的社会主义和资本主义两种前途、两种命运、两种力量博弈的时代，马克思主义没有过时。

19 世纪 40—50 年代，随着资本主义社会矛盾日益尖锐化，争取人类解放的无产阶级革命运动蓬勃兴起，资本主义社会的发展规律和趋势、资产阶级的历史作用及其命运、无产阶级的神圣使命与革命道路、无产阶级政党与无产阶级专政等重大理论和现实问题历

① 《毛泽东与共和国重大历史事件》，人民出版社 2001 年版，第 212 页。

史地呈现出来。作为世界无产阶级革命的导师，马克思、恩格斯敏锐地捕捉到并创造性地回答了这些问题，系统阐明了马克思主义基本原理，为无产阶级改造世界提供了强大的理论武器。马克思主义从来不为既有的个别论断固步自封。马克思主义经典作家特别提醒，"结论要是没有使它得以成为结论的发展，就毫不足取……结论如果变成一种固步自封的东西，不再成为继续发展的前提，它就毫无用处"。①

马克思主义的自我发展不仅体现在马克思之后，甚至发生在他们自己思想的不断完善上。马克思、恩格斯在《共产党宣言》发表24年后的1872年，在这篇经典著作的德文版序言中写道："由于最近25年来大工业有了巨大发展而工人阶级的政党组织也跟着发展起来，由于首先有了二月革命的实际经验而后来尤其是有了无产阶级第一次掌握政权达两月之久的巴黎公社的实际经验，所以这个纲领现在有些地方已经过时了。"② 作为工人阶级"圣经"的《共产党宣言》尚且如此，更何况一些具体的论断。

所以，马克思主义是精神不是教条，这一点是马克思主义经典作家反复强调的。"我们的理论是发展着的理论，而不是必须背得烂熟并机械地加以重复的教条。"③ 为了避免一些人以马克思主义词句装点门面，到处去贴马克思主义标签，马克思甚至多次强调"我只知道我自己不是马克思主义者"④。这样的话语背后是马克思对教条主义的辛辣讽刺与对马克思主义被异化的忧虑。

确实，马克思以后的马克思主义发展乃至社会演进中，马克思

---

① 《马克思恩格斯全集》第1卷，人民出版社1956年版，第642页。
② 《〈共产党宣言〉1872年德文版序言》（1872年6月24日），《马克思恩格斯选集》第1卷，人民出版社1995年版，第248—249页。
③ 《马克思恩格斯选集》第4卷，人民出版社1995年版，第681页。
④ 《马克思恩格斯全集》第37卷，人民出版社1971年版，第432页。

的忧虑不幸被他自己言中了。僵化马克思主义、教条马克思主义、空头马克思主义、冒牌马克思主义导致世界无产阶级革命运动受挫的同时，也在相当程度上损害了马克思主义在人们心中的形象。

进入新时代、新社会的马克思主义，要继续放之四海而皆准，要继续保持理论之树长青，只有一个原则，这就是，"不丢老祖宗，又要说新话"。不丢老祖宗的精神，用老祖宗的立场、观点、方法去说我们这个时代需要我们去说的话，去说我们这个时代感兴趣的话，去说解决我们这个时代问题的话。

当年，俄国的共产党人列宁面向他的革命者强调："我们决不把马克思的理论看作某种一成不变的和神圣不可侵犯的东西；恰恰相反，我们深信：它只是给一种科学奠定了基础，社会党人如果不愿落后于实际生活，就应当在各方面把这门科学推向前进。"① 今天不断地推进马克思主义中国化的中国共产党人就是面对着这样的要求，也要去完成这样的任务。同学们，你们也肩负着这样的历史使命。

---

① 《列宁选集》第 1 卷，人民出版社 1995 年版，第 274 页。

真信马克思主义，坚信马克思主义[*]

（2015 年 3 月 30 日）

我代表党组作动员讲话。

今天，大家在我院新翻改建的大楼里，在这样的环境里开始这期读书班的学习，说明中国社会科学院的条件在显著改善，我们的事业在向前发展。

党组高度重视这次所局级主要领导干部学习习近平总书记系列重要讲话精神及马克思主义著作读书班，多次专门召开会议研究相关工作，对读书班的学习内容、课程和日程等作了精心安排。2015年全国"两会"和院工作会议刚刚结束，大家工作都很繁忙，能够集中一周时间，专心致志地学习习近平总书记系列重要讲话，学习马克思主义经典著作，统一思想、提高认识，提高我们对习近平总书记系列重要讲话精神实质的理解，提高我们的马克思主义理论素养。党组的意图和目的十分清楚，希望同志们能理解党组的苦心。

中国社会科学院要达到中央提出的马克思主义坚强阵地、党中央国务院重要的思想库智囊团——也就是中国特色新型智库、中国哲学社会科学的最高殿堂这三个要求，发挥阵地、智库、殿堂三大作用，切实推进科研强院、人才强院、管理强院三大战略，抓好学

* 本文系作者在 2015 年 3 月 30 日社科院所局级主要领导干部学习马克思主义著作和习近平总书记系列重要讲话精神读书班上的讲话。

风、文风、作风"三风"建设，严格"三项纪律"，关键在人，关键在领导班子，关键在在座的主要负责同志。如果我们的领导班子一班人思想认识高、行动自觉，能够按照以习近平同志为核心的党中央的要求，按照党组的要求，齐心协力去抓工作，要达到我们既定的目标、要完成任务是不成问题的。而这关键在于主要领导干部，取决于主要领导干部的能力、水平和本领。到底有多大的本领、有多大的能力、有多高的水平，又取决于领导干部本身的素质。对于领导干部来说，在所有素质中，最重要的素质是理论功底。所以，说到底，取决于我们每个领导干部的理论素养，也就是掌握、运用马克思主义的立场观点方法分析问题、解决问题的能力。党组认为，抓好社科院，关键是抓好班子，抓好班子关键在于抓好主要负责同志，抓好主要负责同志关键是提高理论素养。这是根本性的问题。毛泽东同志曾经说过："如果我们党有一百个至二百个系统地而不是零碎地、实际地而不是空洞地学会了马克思列宁主义的同志，就会大大地提高我们党的战斗力量。"① 这句话放到今天来认识，可以说，如果我们党有一批系统地而不是零碎地、实际地而不是空洞地运用马克思主义理论解决中国特色社会主义一系列问题的领导干部，那么将大大加快建设中国特色社会主义的进程。对于我们中国社会科学院来说，如果我们在座的都能够做到系统地而不是零碎地、实际地而不是空洞地运用马克思主义来指导科学研究，指导我们的工作，那么社科院将如日中天，越办越好。所以，办好社科院关键在我们这些人。这些年，党组持续不断地抓所局主要领导干部理论学习，同时扩大到副职干部，又扩大到处室领导干部，就是基于这样一种认识，这样一种考量。几年一直持续地抓下

---

① 毛泽东：《中国共产党在民族战争中的地位》（1938年10月14日），《毛泽东选集》第2卷，人民出版社1991年版，第533页。

来，我院工作已经发生了很大变化，即向好的方面的变化。我最大的感觉是，主要领导干部、党政一把手的团结问题，党委的集体领导问题，贯彻中央精神，贯彻党组决定等方面都有很大的进步。比如，这次办读书班除了一名同志到中央党校学习和三名同志生病外，该参加的都到了，有的同志甚至为参加读书班推掉了重要的事情。这说明大家对参加读书班高度重视，也体现了党组对办好读书班的决心。

今天，我讲几个问题，供同志们参考。

一　要坚信马克思主义

马克思主义是当今人类理论思维的最高峰，马克思主义所揭示的一般原理是颠扑不破的真理，我们作为哲学社会科学工作的领导干部，最根本的一条，就是要真信马克思主义，坚信马克思主义。真信和坚信来源于什么？来源于对马克思主义理论的深刻学习、深刻理解和深刻把握。现在有些人也在讲马克思主义，但他们讲的马克思主义是停留在口头上的，心里并不信。我们要打心眼里认为马克思主义就是真理。在真信的基础上才能做到坚信，也就是说在风平浪静情况下，真信容易，但在大风大浪情况下，真信就不容易。所以，要坚信马克思主义，做到坚定不移，矢志不渝。

为什么说马克思主义是真理？

第一，马克思主义的世界观、方法论是放之四海而皆准的真理。马克思主义最根本的是什么？就是马克思主义看问题的总的世界观和方法论。世界观和方法论是一致的，用什么样的观点看问题、看世界，就叫世界观。把这个观点运用到分析问题、解决问题、改造世界，就叫方法论。所以，马克思主义的世界观和方法论，好比是一个硬币的两个面,分不开。马克思主义世界观和方法论,即马克思主义立场、观点和方法,就是马克思主义哲学。

陈云同志讲,学好哲学,终身受益,毛泽东同志曾经讲:"马克思主义有几门学问:马克思主义的哲学、马克思主义的经济学、马克思主义的社会主义——阶级斗争学说,但基础的东西是马克思主义哲学。这个东西没有学通,我们就没有共同的语言,没有共同的方法,扯了许多皮,还扯不清楚。有了辩证唯物论的思想,就省得许多事,也少犯许多错误。"[①] 为什么说有了马克思主义哲学就有了共同语言,能说到一块去呢?我们遇到的问题是非常复杂的,经济的、政治的、军事的、文化的……什么都有。我们在不同岗位上工作的同志,有管经济的,有管政治的,有管思想的,有管教育的,有管文化的,有管军事的……所有我们党的同志们为什么能够统一思想,达成共识,能够拧成一股劲?就是因为有共同的思想基础,有共同的话语,这就是马克思主义哲学。马克思主义哲学就是辩证唯物主义和历史唯物主义,就是马克思主义的立场、观点和方法。

辩证唯物主义揭示了自然、人类社会和人类思维的三大规律。历史唯物主义就是把辩证唯物主义运用到社会历史领域,是关于社会历史领域总的历史观和方法论。恩格斯评价马克思一生有两大贡献,唯物史观和剩余价值论。唯物史观是马克思的第一个伟大发现。恩格斯为什么这么说呢?我理解,在马克思主义诞生以前的人类哲学思想发展史中,唯物论到了费尔巴哈的唯物主义已经到了高原,辩证法到了黑格尔的辩证法也到了高原。但这两个人,一个缺少辩证法,一个缺少唯物论,在历史观上都是唯心主义的。马克思

---

① 毛泽东:《在中国共产党全国代表会议上的讲话》(1955 年 3 月 21 日),《毛泽东文集》第 6 卷,人民出版社 1999 年版,第 396 页。

主义继承了人类哲学唯物论和辩证法的精髓，把二者有机结合起来，形成了辩证唯物主义，这就到了唯物论辩证法的高峰。在马克思之前，人类历史观却一直为唯心主义历史观所统治。人类对社会历史的认识既不唯物，又不辩证，并没有揭示出社会发展的一般规律。马克思创造了唯物史观，从而揭示了人类历史的一般规律，从而使唯物论、辩证法成为最彻底、最完备的辩证唯物主义世界观方法论。唯物史观是马克思对人类认识的第一个伟大贡献。辩证唯物主义首先揭示了关于自然的一般规律。人类社会是自然的一部分，辩证唯物主义同时也揭示了人类社会发展的一般规律。人类社会又分为物质和精神两大现象，辩证唯物主义又揭示了人类思维的一般规律。辩证唯物主义是"三大规律"的最高概括。辩证唯物主义和历史唯物主义是一块不可分割的整钢，整体构成了马克思主义哲学。

可以说，马克思主义哲学包括一系列相互有机联系的基本观点：一是唯物的观点。世界一切都是由物质所决定的，统一于物质，人类社会最基本的东西，也是物质的、经济的，人的精神是物质决定的，社会存在决定社会意识，这就是唯物的观点。二是辩证的观点。马克思主义辩证法认为，世界上的一切都是普遍联系的，是发展变化的，这是两个基本的辩证法原则。整个自然、人类社会，整个人的认识过程，是辩证存在的，这就是辩证的观点。三是实践的观点。马克思主义哲学把实践作为第一的和最基本的观点，人的劳动实践创造了人类和人类社会，实践是认识的源泉，实践是检验认识的标准，实践是认识发展的动力，这就是实践的观点。四是矛盾的观点。马克思主义辩证法认为，普遍联系、发展变化表现为三大规律，对立统一规律、质量互变规律，否定之否定规律，其中对立统一规律是核心与实质。普遍联系、发展变化最根本的是对立统一的联系和变化,矛盾是辩证法的核心和实质。用矛盾的观点来看自然,自然界一切都是对立统一的,如有上有下、有南有北、有东有西、有正有反、有男有女、有阳有阴,一切都是对立统一的,这就是矛盾的观点。五是历史的观点。用唯物的、辩证的、实践的、矛盾的观点来看社会,社会就是一个历史过程,人类社会就是一个普遍联系而不断发展变化、由新生事物代替旧事物的不断前进的过程。社会基本矛盾是社会历史发展的动力源泉,在阶级社会,阶级斗争就是阶级社会前进的动力。社会历史过程就是一个生产力与生产关系、经济基础与上层建筑对立统一矛盾运动的过程,要用唯物的辩证的矛盾的观点来看待人类社会,这就是历史的观点。六是生产的观点。人类社会最基本的东西是什么?是物质的经济的生产决定人类社会的发展。生产的观点是历史唯物主义最基本的观点。生产力是社会历史发展的根本动力。我们讲以经济建设为中心,始终抓住发展这个第一要务不放,就是基于这样一个基本观点。这就是生产的观点。七是阶级的观点。原始社会之后进入阶级社会,不管资产阶级承认不承认,在阶级社会中的人分成阶级,有阶级就有差别,有差别就有矛盾,有矛盾就有斗争,这是谁也回避不了的事实。所以马克思主义最基本的观点是,在阶级社会中要用阶级的观点,用阶级分析的方法来看问题。坚持阶级分析的方法和阶级、阶级斗争的观点不等于在我国社会主义条件下,以阶级斗争为纲的主张。这就是阶级的观点。八是群众的观点。人民群众是历史的真正创造者,人民群众是物质财富和精神财富的创造者,坚持人民群众是真正的英雄,一切从人民群众的利益出发,为了群众,依靠群众,从群众中来,到群众中去,这就是群众的观点。

马克思主义哲学,即唯物、辩证的、实践的、矛盾的、历史的、生产的、阶级的、群众的观点,这是最基本的观点。我们讲马克思主义世界观方法论，就是讲马克思主义立场、观点、方法。所谓立场，就是马克思主义哲学是工人阶级的世界观方法论，是代表工人阶级的阶级意识。因此，用马克思主义看问题首先要站在工人阶级的立场上，从工人阶级和广大人民的立场出发。所谓观点，就是马克思主义对世界的基本看法。把马克思主义的观点运用到分析问题和解决问题上去，就是所谓方法。

马克思主义哲学是科学的，所以它是真理。而马克思主义哲学有着鲜明的阶级性，它是工人阶级的意识形态，坚持社会主义，坚持党的领导，就必须坚持马克思主义。坚持马克思主义，最根本的就是坚持马克思主义世界观方法论的指导。为什么说必须坚持马克思主义？就是因为马克思主义作为工人阶级意识形态，作为上层建筑的一部分，对社会经济基础，对社会存在具有相对独立性和反作用。要高度重视意识形态工作，正是在这个意义上讲的。这里，我还要谈谈意识与意识形态的联系和区别。

意识是人类社会的特殊的精神现象，是由社会存在所决定的，是人脑对外部的反映，是人脑的机能。社会意识有两个方面，一是社会心理层面的社会意识，如情感、欲望、风俗、习惯等；一个是思想理论观点层面的社会意识，也就是意识形态。意识形态是指政治、经济、哲学、法律、宗教、军事等政治思想观点，是上层建筑的一部分，是由经济基础所决定的，是为经济基础服务的。但意识形态具有相对独立性，具有反作用，譬如，我国封建专制制度已经被消灭了，但封建主义意识形态还存在。中国封建社会几千年改朝换代，封建社会制度始终不变，这同意识形态的反作用是分不开的。资本主义制度在我国已经被消灭了，但资产阶级意识形态还在影响我们，西方敌对势力对我进行"和平演变"，打一场没有硝烟的战争，主要用的是资产阶级意识形态的武器。

社会存在最基本的存在是什么？马克思在《政治经济学批判》序言中讲，人要吃饭，要吃饭就要生产，人类的繁衍一时一刻离不开物质生产。这是人类社会最基本的存在。有物质生产就有人类用什么样的工具去生产，结成什么样的劳动关系去生产的问题，即以什么样的社会经济组合去从事生产，是在计划经济条件下生产还是在市场经济条件下生产的问题。生产资料归谁占有，劳动产品如何分配，人们在劳动中结成怎样的关系等，这也就形成了社会存在的生产方式。生产力与生产关系的统一，就是生产方式，是人类社会最基本的社会存在。生产力决定生产关系，生产关系又反作用于生产力。生产关系的总和构成社会的经济基础。一切上层建筑都是在生产方式上建立起来的。社会经济基础决定了社会上层建筑，社会上层建筑反过来支撑、支持和反作用经济基础。一部分是政权、军队、监狱、法院，叫做政治上层建筑，一部分是哲学、政治、法律、经济、宗教等观点，叫做意识形态上层建筑。上层建筑的最高层次是意识形态。意识形态不包括自然科学，自然科学没有阶级性。意识形态有阶级性、政治性。党的意识形态就是中国共产党所领导的，以马克思主义思想理论观点为核心的工人阶级的意识形态，其根本不同于资产阶级以及一切剥削阶级的意识形态，两者根本对立。一切剥削阶级和资产阶级只代表少数人的利益，从来不承认其意识形态具有阶级性，它只讲超阶级的、普世的意识形态。只有马克思主义讲，我们共产党人不屑于隐瞒自己的观点，我们的意识形态是有阶级性的，只代表工人阶级和广大人民群众，因为工人阶级和共产党没有私利，只是解放全人类，最后要消灭阶级，包括消灭私有制。当然，现阶段要保护和发展私营经济，但按照历史发展的逻辑，私营经济将来要走向灭亡，公有制一定代替私有制，共产主义一定代替资本主义，对于这个信念应该坚定不移。生产力决定生产关系，生产关系又反作用于生产力，经济基础决定上层建筑，上层建筑又反作用经济基础，就构成社会基本矛盾，社会基本矛盾的运动是人类社会发展的动力。生产力和生产关系，经济基础和上层建筑的矛盾在阶级社会中就表现为阶级斗争，阶级斗争是阶级社会发展的动力。这些都是马克思主义意识形态所坚持的真理，马克思主义哲学真理是颠扑不破的，要坚信马克思主义，就要高度重视党的意识形态工作。

第二，马克思主义在概括人类社会、自然和人类思维一般规律的基础上所形成的基本原理是科学的真理。例如，人类社会从原始社会到奴隶社会，从奴隶社会到封建社会，从封建社会到资本主义社会，而且资本主义社会必然被共产主义社会所代替，共产主义社会又分成社会主义阶段和更高级的阶段。这是人类社会发展的一般规律，就像人类从出生到婴儿、到少年、青年、壮年、老年，最后到死亡一样。毛泽东同志讲过，共产党也是要消亡的。因为共产党是阶级的产物，是阶级斗争的产物，是工人阶级和资产阶级、社会主义和资本主义斗争的产物，将来没有了阶级，真正实现无阶级社会，共产党也就没有了。关于社会形态演变规律，关于资本主义必然灭亡共产主义必然实现的原理不可颠覆，关于社会基本矛盾的原理不可推翻。关于公有制最后还要代替私有制的整个所有制发展规律的原理，等等，都是不可否定的。

第三，马克思主义经典著作的某些个别结论也具有一定的局限性，但不能因此而否定马克思主义的真理性。例如，马克思主义经典作家曾预测社会主义革命只能在少数几个西欧国家同时爆发，一国是不能同时取得胜利的，有人概括为"数国同时胜利论"。按照这个具体结论，无法解释列宁领导的十月社会主义革命。列宁认为，由自由竞争资本主义发展到垄断资本主义，垄断代替了竞争，垄断资本主义经济政治发展的不平衡决定了革命有可能在资本主义体系统治比较薄弱的环节先行爆发。这就是列宁提出的社会主义革命可以在一国先行的原理。就人类历史来看,十月社会主义革命是对新的社会形态的探索。可见,马克思主义经典作家的个别结论,可以因实践条件的变化而突破。马克思、恩格斯、列宁、毛泽东、邓小平都主张马克思主义理论要根据实践的发展不断调整、发展和创新。《新大众哲学》中讲过这样一个故事,毛泽东同志在看过时任湖北省委书记王任重写的《学习马克思,超过马克思》一文后,说了三句话,不如马克思,不是马克思主义者;等于马克思,也不是马克思主义者;只有超过马克思,才是马克思主义者。中国共产党人正因为在马克思主义基础上,根据中国的实践不断发展创新,才有了今天。所以,马克思主义是真理,不应因个别结论的局限性而否定马克思主义真理性。我认为,到现在为止没有任何一个理论形态超过马克思主义,因为马克思主义是开放的、发展的、创新的。

二 时代没有变,马克思主义并没有过时

现在有一种说法认为,马克思主义不管用了,马克思主义不灵了,谁再讲马克思主义,谁就成了旧古董了。

第一个理由认为马克思主义不灵了,马克思主义过时了,是因为时代改变了。有人认为,马克思判断的时代已经过去了,现在已经变成另外一个时代了。时代到底变了没有?我曾经写过一篇文章,其中专门讨论了时代问题。

我认为,目前我们所处的时代,其根本性质并没有改变,当然,具体时代条件、格局、特点、形势发生了变化。就时代根本性

质而言，仍然是马克思和恩格斯所判断的那样，处在社会主义与资本主义两种社会形态、两种社会制度、两种前途、两种命运、两条道路、两种力量的反复较量和博弈的时代，即资本主义终究要逐步走向灭亡、社会主义终究要逐步取代资本主义的时代。我认为，这个大的时代并没有改变。当然，社会主义、资本主义构成该时代的主要矛盾并不排除该时代其他矛盾的存在，也不能否认它们在较量中有时我上你下，有时你上我下，有时你中有我，有时我中有你，有斗争也有策略上的妥协和暂时的合作，有对立有不同，也有争取发展的共同点，呈现了极其复杂的交织局面。从总体上讲，现在资本主义正在走向衰退，但还是强势的，社会主义虽然代表了人类发展的前进方向，但还是处于弱势地位。两种社会形态的较量必然在当代社会意识形态领域中反映出来。伴随衰退的总趋势，资本主义必然加大在意识形态领域与社会主义博弈的分量，争夺的重点越发集中在意识形态问题上。如中国和美国之间的矛盾很复杂。我认为，从根本上讲，就是两条道路、两种人类命运和前进方向的矛盾，当然这个矛盾也包括了两国民族之间和两国利益之间的矛盾。总之，矛盾错综复杂。美国作为西方敌对势力的总代表，亡我之心不死。其亡我之心，首先表现在意识形态方面，因为它反对中国特色社会主义发展起来。其次，也有国家利益和民族利益上的争夺。但是，美国的国家利益是垄断资产阶级的国家利益，跟我们的国家利益根本不同。所以我们既要认清本质，又要用两手策略来对待两手策略，既要有斗争也要有合作，既要认清它的本质，也要注意策略的两个方面。

当然，有一种观点认为，马克思、恩格斯判断的时代已经过时了，现在是和平发展新时代，认为社会主义和资本主义的矛盾已经不存在了，没有必要再讲社会主义和资本主义、工人阶级和资产阶级的对立和斗争了;不要再提意识形态工作了,要淡化意识形态,采取意识形态中立态度。如果这不是故意歪曲邓小平同志关于和平与发展是当今世界面临的两大主题的判断,至少也是错误地理解邓小平同志的原意。误判时代性质就会错误地判断意识形态斗争的性质,轻视意识形态工作的极端重要性。

邓小平同志的判断只是对今天资本主义和社会主义两大力量发生阶段性变化的科学分析,并不影响对总的时代性质的判断。必须正确理解邓小平同志的科学判断,否则,就会得出马克思、恩格斯所概括的时代已经改变了,马克思主义过时了和意识形态终结论这样的错误结论。

早在1984年,邓小平同志就根据国际形势的新变化认为,"现在世界上问题很多,有两个比较突出。一个是和平问题。……二是南北问题"。[①] 后来,他把南北问题概括为发展问题,再次提出,和平与发展是当代世界的两大主题。这与和平发展新时代不是一个意思。但到了1990年,苏东剧变和我国的"六四"政治风波之后,邓小平同志又讲到,"现在旧的格局在改变中,但实际上并没有结束,新的格局还没有形成,和平与发展两大问题,和平问题没有得到解决,发展问题更加严重"。[②] 我认为,和平问题和发展问题至今也没有解决。美国人到处挑动,它只想自己发展,不想让别人发展,不希望中华人民共和国发展,也不希望其他国家包括它的所谓盟国发展起来。1992年,邓小平说,"世界和平与发展这两大问题,至今一个也没有解决。"[③] 在谈到和平与发展问题的时候,他时刻关注反对帝国主义搞和平演变的问题,始终保持高度警惕。他

---

① 《邓小平文选》第3卷,人民出版社1993年版,第56页。
② 同上书,第353页。
③ 邓小平:《在武昌、深圳、珠海、上海等地的谈话要点》(1992年1月18日—2月21日),《邓小平文选》第3卷,人民出版社1993年版,第383页。

说，"我希望冷战结束，但现在我感到失望，可能是一个冷战结束了，另外两个冷战又已经开始"。① 也就是说，对苏联的冷战结束了，但又开始了另外两个冷战。这两个冷战一个是针对南方的、第三世界的，一个是针对社会主义的。邓小平认为，资本主义与社会主义这场冷战又开始了，而且包含着对第三世界和对南方的发展中国家的冷战。邓小平同志将帝国主义对社会主义实行和平演变战略比喻为打一场没有硝烟的第三次世界大战，他明确指出，"所谓没有硝烟，就是要社会主义国家和平演变。……西方国家对中国也是一样，他们不喜欢中国坚持社会主义道路"。② "如果中国搞资产阶级自由化，那末肯定会有动乱，使我们什么事情也干不成，我们制定的方针、政策、路线、三个阶段发展战略的目标统统告吹。"③ 邓小平同志十分警醒地认识到，只要中国社会主义旗帜不倒，这场没有硝烟的世界大战就不会结束。这是因为社会主义和资本主义两种社会制度的博弈，仍然是马克思主义经典作家所揭示的时代特征。所以，邓小平同志从未讲过马克思主义经典作家判断的总的时代已经改变了。

我认为，迄今为止，马克思主义所揭示总的时代性质和历史趋势并没有改变，只不过经历了三个发展阶段。每个阶段都具有自己的阶段性特征。第一个阶段是马克思、恩格斯所处的自由竞争资本主义阶段，这个阶段实际上就是资本主义财富的积累和无产阶级贫困的积累的阶段，是工人运动和社会主义运动兴起的阶段。第二个阶段是列宁所处的垄断资本主义阶段，即帝国主义战争与无产阶级革命阶段。这个阶段的世界性问题是战争与革命。两次世界大战均

---

① 《邓小平文选》第 3 卷，人民出版社 1993 年版，第 344 页。
② 同上。
③ 同上。

引起革命。第一次世界大战引起社会主义苏联的革命，第二次世界大战引起一系列社会主义东方的革命，包括中国的革命。战争引起革命，革命制止战争。到了20世纪八九十年代，第一个冷战结束。邓小平同志作出了总的时代没有变，但有了阶段性特征的判断。他关于这个阶段存在和平与发展两大世界性问题的判断，既符合马克思主义总的时代判断，又符合第三个阶段特征的变化。

邓小平同志的判断为我们抓住战略机遇期，进行改革开放和推进和平发展提供了总的战略选择。邓小平同志的判断，是对资本主义和社会主义两大力量对比发生阶段性变化的科学分析，并不意味着总的即马克思、恩格斯所讲的时代性质的根本改变。我们主张尊重世界文明的多样性、发展道路的多样性、选择的多样性，各国人民可以自主的选择自己的社会制度和发展道路，可以相互借鉴，共同推进人类的发展。我们主张和平、主张发展，不主张战争，但这并不代表这两种社会形态的较量就结束了，也并不代表世界的根本性矛盾就没有了，必须清醒地认识到和平与发展这两大世界问题至今未得到解决。天下仍然是不太平的，其根本原因就是西方资本主义的存在。2008年爆发的金融危机说明资本主义的内在矛盾依然存在，依然起作用，依然不可克服。资本主义必然在阵发性的金融危机中逐步走向衰落。总的历史时代没有改变，正基于此，作为这个时代理论高峰的马克思主义并没有过时，作为中国社会科学院的院长，我对此坚信不疑。我也希望在座的各位通过学习，真正坚信马克思主义。

第二个理由认为中国共产党由革命党转变成执政党，任务变了，现在不是革命党了，马克思主义、毛泽东思想是革命的理论，现在需要建设的理论，所以马克思主义和毛泽东思想都没用了，过时了。中国共产党过去是革命党，现在仍然是革命党，改革开放也是一场革命，反腐败也是革命，中国共产党怎么不是革命党呢？难道执政党就不革命了？马克思主义理论既指导革命又指导建设。

马克思主义哲学认为，革命是一个广义的社会变革的概念。马克思主义政党是永远推进社会变革、社会创新的党。在这个意义上说，作为执政党的共产党必须是革命党。马克思主义、毛泽东思想既是指导革命的理论，又是指导建设的理论。在社会主义制度下实行市场经济，把社会主义制度与市场经济结合起来，是中国化马克思主义的创新。认为马克思主义、毛泽东思想不管用了的观点，有的是故意而为之，有的则是受"告别革命"的历史虚无主义的误导。马克思主义并没有过时。邓小平同志在"六四"风波，西方叫嚣得最厉害的时候曾讲过："我坚信，世界上赞成马克思主义的人会多起来，因为马克思主义是科学。……不要认为马克思主义就消失了，没用了，失败了。哪有这回事！"① 我院世界历史研究所研究员马细谱写过一篇叫《社会主义又回到了保加利亚》的文章，写得很好。文章讲，二十五年之后放弃了马克思主义的保加利亚又重新从休克到复苏，把马克思主义又请回来了。文章完全靠事实说话。这次经济危机，马克思被评为千年思想家的第一名，马克思的《资本论》在西方又脱销了，也说明一定问题。

三 重视马克思主义经典著作的学习，提高运用 马克思主义指导科研的能力

习近平总书记在 2011 年 5 月 13 日在中央党校曾发表了题为《领导干部要重视学习马克思主义经典著作学习》的重要讲话。习总书记在谈到领导干部为什么要注重学习马克思主义经典著作时，

---

① 邓小平：《在武昌、深圳、珠海、上海等地的谈话要点》（1992 年 1 月 18 日—2 月 21 日），《邓小平文选》第 3 卷，人民出版社 1993 年版，第 382—383 页。

指出了三点原因：一是马克思主义理论素养是领导干部的必备素质，是保持政治上坚定的思想基础。缺乏马克思主义理论素养就不能成为合格的领导干部。我看，我院各单位的意识形态报告充分体现了各单位主要负责同志的马克思主义的水平，有的单位的意识形态报告写得相当有水平，如信管办、外国文学研究所等。二是马克思主义经典著作作为人类思想的瑰宝，体现着经典作家攀登科学理论高峰的不懈追求和艰辛历程。三是学习马克思主义经典著作是我们党的优良传统。毛泽东同志多次主张和号召领导干部学马克思主义经典著作。

关于领导干部应该重点学习哪些经典著作，习近平总书记已开出书单，即 2009 年底出版的十卷本的《马克思恩格斯文集》和五卷本的《列宁专题文集》。习近平总书记还列举出了重点学习的篇目，如马克思、恩格斯的《共产党宣言》《〈政治经济学批判〉导言》《资本论》；列宁的《国家与革命》等。习近平总书记专门讲过国家的阶级本质问题，讲国家是阶级统治的工具，这是《国家与革命》中的基本思想。我们这次学习就专门选定了《国家与革命》，毛泽东同志的《论人民民主专政》以及《中华人民共和国宪法》（总纲），供大家集中学习，深刻领会马克思主义的国家学说和无产阶级专政理论。

学习马克思主义的目的，全在于应用。我们社科院的同志学习马克思主义的目的是什么？就是用马克思主义指导科研工作。我认为，要掌握马克思主义的立场、观点、方法，用它来研究经济、政治、文学、历史、法律、宗教、新闻、国际问题等，提高指导学术研究的能力。马克思主义立场观点方法是锐利的思想武器。老一代有成就的学者之所以出成绩，其中重要的一点就是因为站在马克思主义的立场上，用马克思主义观点方法来看问题。甚至在旧社会如此严禁传播马克思主义的情况下，一些学界老前辈也自觉地接受马克思主义的立场、观点和方法。郭沫若先生研究历史，力图按照马克思主义观点研究甲骨文、研究考古、研究中国历史。他是马克思主义的史学家。再如，侯外庐先生站在马克思主义的立场上来研究中国古代社会史、中国古代思想史论、中国古代思想史，中国思想通史。他提出研究思想史必须用社会史来看思想史，从社会发展的历史、从社会存在的角度来看待思想史，要把思想史写成人民的思想史等观点。他的书有些写于国民党统治时期，但基本都是试图坚持以马克思主义为指导的。现在，我们在中国共产党领导下，在中央大力倡导马克思主义作为指导思想的情况下，更要把马克思主义当成指导方针。

谈到坚持马克思主义，坚持马克思主义指导，我想起两段诗，一段是陈毅同志的"莫道浮云终蔽日，严冬过尽绽春蕾"。意思是说，浮云有可能暂时把太阳遮住，但它不会永远遮住，春天一到，太阳普照，春蕾就会萌发。给马克思主义抹黑，给共产党抹黑，给中国共产党的历史和英雄抹黑，只能是暂时的。还有一首是王安石的《登飞来峰》，"不畏浮云遮望眼，自缘身在最高层"。意思是说，登山到最高处，就不怕浮云遮日，浮云在他眼下，眼睛看到的是太阳；为什么能看到太阳，就是因为身在最高层。我深信，经过努力，攀登到马克思主义世界观方法论的最高点，就能看清很多问题，就会透过浮云看到太阳。作为哲学社会科学的领头人，我们应该带头学好马克思主义的世界观方法论，学会用以指导学术研究。

四　珍惜时间，遵守纪律，认真读书，认真思考

第一，要做到按照"一个中心、四个结合"的要求读书。以

学习习近平总书记系列重要讲话为中心，结合马克思主义经典著作来学，结合党的重要文献来学，结合党史国史来学，结合实际来学。

第二，要做到"两为主、一加强"，即自学为主，读原著为主，加强研讨。这次学习班规定阅读的书目，同志们至少都要认真研读一遍。在自学的基础上，开展研讨交流。

第三，要做到学以致用。希望同志们结合工作实际和思想实际来学习，真正做到学以致用。所谓结合工作实际，指的是结合全党工作大局的实际，结合本单位工作实际，而联系工作实际就是联系改造客观世界的实际。所谓结合思想实际，一是结合社会思潮的实际，如通过学习马克思主义，批判历史虚无主义、新自由主义、民主社会主义、普世价值论、宪政民主等，做到政治方向正确，辨清理论是非。二是结合自己的思想实际和本单位的思想实际。思想实际就是主观世界，在改造客观世界的同时改造主观世界，在改造主观世界的过程中推动客观世界的改造。这是学习目的。

第四，要做到"三个认真"，即认真读原著、认真做笔记、认真思考问题。

第五，要做到遵守读书班纪律。抓紧时间，心无旁骛，不干"私活"，自觉地把书读好。

希望通过反复不断地抓习近平总书记系列重要讲话精神的学习，反复不断地抓马克思主义的学习，使我们中国社会科学院在马克思主义指导下，出一大批哲学社会科学精品力作，出一批马克思主义的理论家，马克思主义的哲学家、马克思主义的史学家、马克思主义的经济学家、马克思主义的文艺理论家和文艺评论家、马克思主义的语言学家、马克思主义的法学家、马克思主义的考古学家等。

今天讲得不对的地方请大家批评指正。希望同志们的马克思主义素质得到极大提高，也希望由你们带动全院学习，使全院同志的马克思主义的素质得到极大的提高。

谢谢大家。

唱响马克思主义，共产主义的理论话语*

（2015 年 10 月 16 日）

习近平总书记反复强调共产党员和党的各级领导干部必须坚定共产主义理想信念。他强调："理想信念就是共产党人精神上的'钙'，没有理想信念，理想信念不坚定，精神上就会'缺钙'，就会得'软骨病'"，"共产主义决不是'土豆烧牛肉'那么简单，不可能唾手可得、一蹴而就，但我们不能因为实现共产主义理想是一个漫长的过程，就认为那是虚无缥缈的海市蜃楼，就不去做一个忠诚的共产党员。革命理想高于天。实现共产主义是我们共产党人的最高理想，而这个最高理想是需要一代又一代人接力奋斗的"。纵观国际共产主义运动的历史与现状，习近平总书记的讲话具有强烈的现实针对性。今天与会的同志是来自世界各地的知名学者和各国共产党的理论家，怀有对马克思主义、共产主义的理想信念和同情支持，热烈欢迎大家的到来，共同研讨世界社会主义运动的有关话题。下面我围绕本届论坛的主题"话语权与领导权——'颜色革命'与文化霸权"谈几点看法，与大家一起交流。

---

　* 本文系作者 2015 年在第六届世界社会主义论坛：话语权与领导权——"颜色革命"与文化霸权国际学术研讨会上的发言。

一　科学把握马克思主义诞生以来的世界历史运动趋势和历史发展必然性，坚定共产主义理想信念

迄今为止，马克思主义经典作家所揭示的总的历史进程和历史趋势并没有改变，已经历了两个发展阶段，正处于第三个发展阶段。这三个发展阶段都属于马克思主义经典作家所揭示的总的历史进程和历史趋势，具有共同的时代性质，同时每个阶段又都具有各自的阶段性特征，每个阶段性特征都服从于总的历史必然规律，同时又具有特殊的表现形式。

第一个阶段，是马克思恩格斯所处的自由竞争资本主义和工人运动、社会主义运动兴起阶段。第二个阶段，是列宁所处的垄断资本主义阶段，即帝国主义战争与无产阶级革命阶段。列宁认为该阶段的特征即时代主题是战争与革命。第一次世界大战，引发"十月革命"；第二次世界大战，引发一系列社会主义革命，这些历史事实证明了列宁的判断是正确的。第三个阶段，就是20世纪七八十年代以来的阶段。1989年"柏林墙"倒塌，1991年苏东剧变，"冷战"结束。邓小平同志敏锐地认识到总的历史必然趋势不可改变，仍然是马克思主义经典作家所判断的那样，但已经发生了阶段性变化。他认为和平与发展是当代世界两大问题，但这两大问题至今一个都没有解决，仍然受总的历史发展规律的决定和影响。他指出："我希望冷战结束，但我现在感到失望。可能是一个冷战结束了，另外两个冷战又已经开始。一个是针对整个南方、第三世界的，另一个是针对社会主义的。西方国家正在打一场没有硝烟的战争。所谓没有硝烟，就是要社会主义

国家和平演变。"① 邓小平同志关于历史必然趋势和时代阶段性变化及其特征的判断是符合马克思主义的,既不能得出马克思主义经典作家关于历史必然性的判断已经过时了,又不能无视时代阶段性变化及其新的特征、新的问题。

马克思主义所判定的总的世界历史进程发展阶段的变化伴随着世界历史进程的四次重大转折和两个巨大变化,中国近现代历史的主题主线与此息息相关。第一次转折是1917年爆发的俄国十月社会主义革命,开创了人类历史的新纪元,标志着社会主义新生事物的诞生。1921年中国共产党成立,由中国资产阶级政党领导的旧民主主义革命转变为由中国工人阶级领导的新民主主义革命。第二次转折是1945年"二战"之后一系列国家社会主义革命的成功,形成了一个社会主义阵营。1949年,中国新民主主义革命取得胜利,成功进行了社会主义革命,建立了社会主义新中国。在这两次转折中,社会主义运动上升,资本主义下降,这是世界近现代以来的第一个巨大变化。

20世纪八九十年代至今的20余年中,又接连发生了两次重大的世界性历史转折。第三次转折是20世纪80年代末90年代初的苏东剧变、社会主义阵营解体。世界社会主义运动陷入低潮,资本主义的新自由主义一浪高过一浪风行全球。中国共产党人面对严重困难,坚守共产主义理想、坚信马克思主义,冷静观察、从容应对国际国内政治风波,坚持中国特色社会主义道路。第四次转折是2008年爆发的国际金融危机和中国特色社会主义的成功实践。这对世界发展格局和中国特色社会主义事业的发展产生的影响,不可估量。由美国次贷危机所引发的世界经济危机是一场资本主义经济危

---

① 《邓小平文选》第3卷,人民出版社1993年版,第344页。

机，进而引发了资本主义全面的政治危机、社会危机、意识形态危机，说到底是一场制度危机。中国特色社会主义的伟大实践雄辩证明了马克思主义的真理性和社会主义的历史必然性。在20世纪八九十年代以来的两次重大转折历史进程中，社会主义进入低潮，又开始走出低谷，资本主义时占上风，又再呈下降趋势。这就形成了世界近现代以来第二个巨大变化。

　　2008年爆发的资本主义世界危机致使资产阶级意识形态的反动性和欺骗性愈加凸显，更加大了社会主义与资本主义两种前途命运博弈的激烈性。这场危机说明资本主义内在矛盾依然存在、依然起作用、依然不可克服，只不过表现形式不同，资本主义必然在阵发性的经济危机中逐步走向衰落。这场危机说明总的必然趋势并没有改变，马克思主义没有过时。时代发生了阶段性变化，马克思主义随着阶段性变化回答新问题、形成新理论，不断发展创新。

　　四次历史转折、两个巨大变化反映了社会主义作为新生事物不是直线性发展，而是曲折地、波浪式、螺旋式地前进。资本主义不是一下子就衰败了，而是衰落、复苏、再衰落、再复苏，在阵发性的经济社会危机中一步一步地衰落下去，最终要走向灭亡。整个历史进程充满了社会主义和资本主义两条道路、两种命运前途的斗争，充满了社会主义和资本主义两种不同意识形态的斗争。历史事实雄辩地证明了社会主义新生事物的先进性和必然性，资本主义作为旧事物的落后性和必亡性，证明了社会主义意识形态的科学性和生命力，也证明了资本主义意识形态的欺骗性、顽固性和不甘心退出历史舞台的反能量，证明了社会主义战胜并取代资本主义的长期性、曲折性和艰巨性，证明了社会主义意识形态战胜资本主义意识形态过程的长期性、曲折性和复杂性。

　　社会存在决定社会意识，所谓多元多样、形形色色的社会思潮和舆论动态只是现象,从本质来说,当今世界存在着资本主义和社会主义"两元"的对峙。两种力量、两条道路、两种前途的较量必然反映在意识形态领域。朝鲜战争结束以后,以美国为首的西方敌对势力判断,从军事上战胜社会主义新中国已无可能,只能走"和平演变"的道路,打一场没有硝烟的战争。从那时到现在,以美国为首的西方敌对势力从来没有放弃过对包括中国在内的社会主义国家实行意识形态西化分化的战略选择。

邓小平同志的判断是对今天资本主义与社会主义两大力量对比发生阶段性变化的科学分析,并不影响对总的历史发展必然趋势的判断。我们主张尊重世界文明的多样性、发展道路的多样性,尊重和维护各国人民自主选择社会制度和发展道路的权利,相互借鉴,取长补短,推动人类文明进步,但并不代表两种社会形态的矛盾较量就消失了。邓小平同志提出和平与发展是当代世界两大问题的判断,决定了中国特色社会主义的改革开放与和平发展的战略机遇期和总的战略选择,为中国共产党正确认识我国所处的发展阶段和根本任务提供了理论前提。

总之,当今依然存在着资产阶级与无产阶级、资本主义与社会主义两种力量、两种制度、两种道路、两种意识形态、两种前途命运的反复较量和博弈。今天,尽管发生了新的阶段性的特征变化,社会主义作为新生事物尽管遇到挫折甚至出现暂时的倒退,然而,资本主义必然灭亡,社会主义必然胜利仍然是不可改变的历史总趋势,共产主义依然是每一个共产党人的崇高理想与信念。这就是马克思主义的理论话语。如果视暂时性的曲折和倒退为社会主义"历史的终结",认为人类进入了资本主义的千年王国,那就是资本主义的一套话语体系。这恰恰说明当今世界两种截然不同的话语体系的对立则是公然的事实,实质反映了社会主义与资本主义两种历史趋势的截然不同，反映了社会主义与资本主义两种意识形态的根本对立。

二 颜色革命与文化霸权成为西方资本主义强国推行新型霸权主义、颠覆社会主义国家的基本手段

物质决定精神，利益决定话语。西方文化霸权、话语霸权的背后有着西方的资本扩张、经济霸权和强权政治，有着资本主义的经济基础的物质原因和上层建筑的政治制度原因。在现代世界格局中，西方社会科学和文化产业仍然处在话语霸权地位，这与世界经济格局、政治格局密切相关，与资本主义经济霸权、政治霸权密切相关，与资本主义仍处于强势、社会主义处于弱势的力量对比密切相关。唱响马克思主义、社会主义，直至共产主义，是一项长期的任务，它与资本主义与社会主义两种力量、两条道路、两种前途的强弱对比、此消彼长和反复较量息息相关。

需要认清的是，不同于马克思恩格斯所处的自由竞争资本主义和工人运动、社会主义运动兴起阶段，也不同于列宁所处的垄断资本主义阶段，即帝国主义战争与无产阶级革命阶段；随着"冷战"结束，资本主义的发展和世界社会主义的进程都进入了一个新的阶段。一方面，随着第三世界人民觉醒和相继赢得民族解放和国家独立，西方强国再也不可能赤裸裸地推行殖民主义和种族主义，进行明火执仗的血腥掠夺与暴力攫取；和平与发展成为当代世界两大主要问题，广大发展中国家在政治独立的基础上纷纷要求和平寻求发展；两极格局解体后，经济全球化、世界多极化、文化多元化成为三大时代潮流。另一方面，和平与发展两大问题至今一个都没有解决，依然是两大主要问题，以美国为首的西方国家资本，特别是国

际金融垄断资本,在新的形势下转而采用比较间接和隐蔽的形式来推行新型的霸权主义,以保持西方资本主义的国际垄断地位。

所谓新霸权主义,就是在经济上,兜售"新自由主义"的市场化、自由化、私有化;在政治上,对发展中国家、转型国家和社会主义国家输出"颜色革命";在思想文化领域,将其价值观作为一种普世价值加以推行,实行"文化霸权";在基本社会制度上,则针对社会主义国家加紧进行和平演变,着力于打一场"没有硝烟的战争"。颜色革命和文化霸权,已经成为资本主义强国推行新霸权主义的基本手段。

西方国家推行颜色革命与文化霸权,必然充分利用自身强大的政治、经济、军事、文化力量作为后盾;反过来,颜色革命与文化霸权的背后,也充分体现着西方国家谋求进一步资本扩张、经济掠夺和金融霸权的意图。西方国家推行颜色革命与文化霸权,就相当于瞄准别国政权发动的攻击和侵略,相当于围绕思想文化实施的渗透和奴役,可以说是世界资本主义经济掠夺体系的"上层建筑"图谋。这两者一向是形影相随、相互勾连,文化霸权为颜色革命鸣锣开道,颜色革命又为进一步实施文化霸权清除障碍。以美国为首的一些西方国家,首先利用媒体为发动"颜色革命"制造舆论氛围,同时,借助文化霸权向民众灌输西方价值观,培植非政府组织、反对派领导人,通过各种街头政治活动,达到推翻现政权的目标。

"颜色革命"的一个重要目标指向,既是以美国为首的某些西方国家的资本垄断利益所在的国家与地区,同时又是反对西方资本强权政治的国家与地区。"颜色革命"套着"文化霸权",打着"合法"的旗号,对这些国家进行违法颠覆活动,旨在改变现政权,但并不改变其原有的经济基础和上层建筑,只不过是"城头变幻大王旗",企图培植一个亲西方、亲美国的政府,谈不上真正意义上的革命。事实一再表明，当"颜色革命"走近，残酷的政治斗争便会上演，和平安宁便会走远，发展繁荣便会遁去，而最终深受其害的还是广大人民。

"颜色革命"的另一个重要目标指向，就是社会主义国家。当今，和平演变与"颜色革命"是资本主义搞垮社会主义国家的两把刀。和平演变是社会性质的转变，"颜色革命"是执政权力的更替。西方资本主义国家对社会主义国家则往往是"双管齐下"，苏东剧变就是明显例证。

中国共产党坚持把马克思主义基本原理同中国国情和时代特征相结合，走出了一条中国特色社会主义道路。随着苏联解体，中国特色社会主义已经成为世界社会主义的希望所在。当前，中国正处于由大向强发展的关键时期，一些西方国家基于资本垄断利益的考量，同时基于社会制度和意识形态的争夺，不愿看到意识形态和社会制度与其完全不同的社会主义中国赶上和超过他们，不断加大对我国实施西化、分化的力度，加紧实施和平演变、策划"颜色革命"，千方百计进行战略遏制和围堵。一年前发生在香港的所谓"占中"活动就是典型表现，是西方敌对势力向中国输出"颜色革命"的预演和试水。

我们一贯主张尊重世界文明的多样性、发展道路的多样性，尊重和维护各国人民自主选择社会制度和发展道路的权利，促进和而不同、兼收并蓄的文明交流，但这不意味着改变两种社会形态之间矛盾较量的事实。联合国教科文组织在《世界文化报告》中指出："在当今的文化态势中，文化领域已经成为国际政治斗争和意识形态较量的主战场。"在西方西化分化中国的重要战场的意识形态领域，争夺文化话语权、领导权，是和平演变、颜色革命的一个关键环节和斗争焦点。葛兰西早在 20 世纪 30 年代就提出了文化霸权问题，他认为，资产阶级凭借强大的政治经济优势，借助意识形态的国家传媒机器对无产阶级进行文化剥削和占有，依据强势对处于弱势的无产阶级构成文化霸权。文化霸权的概念后来虽然经过一些丰富发展，但问题的实质至今仍然没有改变。

西方国家总想在中国实现改旗易帜，通过文化霸权进行渗透，用和平演变和"颜色革命"，"扳倒中国"。某些境内外势力进行以西方价值观念为核心的意识形态渗透，大肆宣扬"宪政民主""普世价值"和西方新闻观、新自由主义、历史虚无主义。近年来，它们以理论探讨和学术研究名义，运用西方话语体系推销其世界观、价值观的手法日益娴熟。

为了"西化"和"分化"中国，西方国家不断在制造和变换手段。近几年来，在对付中国的文化手段上，又提出"四化"新政策，即淡化、丑化、腐化、溶化。"淡化"是让中国共产党的领导干部放弃马克思主义、共产主义的信仰；"丑化"是要全力抹黑中国共产党、抹黑社会主义制度；"腐化"是让中国共产党领导干部在市场经济中腐败变质；"溶化"是让马列主义在多元文化冲击下丧失其指导思想地位。

三 唱响马克思主义、社会主义的理论话语，防范颜色革命、抵制文化霸权、反对和平演变

意识形态之争的实质，说到底，就是哪个阶级的政治主张，哪个阶级的世界观、价值观，哪个阶级的思想观点处于上风头、占统治地位、起引领作用。意识形态之争，从某种意义上来说，就是话语权之争。所谓话语权，则是使用鲜明准确的，有说服力、感染力、影响力和战斗力的理论范畴和语言文字，表达出本阶级的政治

主张、世界观、价值观和理论观点，占领思想文化领域，起着统治的、主流的、引领的、导向的作用。马克思恩格斯在《共产党宣言》中指出，"共产党人可以把自己的理论概括为一句话：消灭私有制"；邓小平同志指出："马克思主义的另一个名词就是共产主义。我们多年奋斗就是为了共产主义，我们的信念理想就是要搞共产主义。在我们最困难的时期，共产主义的理想是我们的精神支柱，多少人牺牲就是为了实现这个理想。"[①] 共产主义既是工人阶级谋求自身解放的历史运动和理想信念，也是工人阶级的根本话语和奋斗目标，是工人阶级政党组织群众、领导群众的理论根基和行动指南。《国际歌》及其"英特耐雄纳尔一定要实现"即是全世界工人阶级的共同话语。

内容决定形式，形式服从并服务内容。思想理论观点、政治主张是内容，而话语则是形式。内容好，形式表述不准确、不鲜明，缺乏感染力、战斗力，也起不到宣传内容的作用。思想观点、政治主张是正确的，但表达不出来或表达出来不为人们所接受，就无法真正赢得群众、战胜对手、付诸实践。中国封建社会，虽几经改朝换代，但封建制度不变，绵延几千年，从意识形态的反作用来说，其所形成的一整套表达封建统治阶级意识形态的话语体系，比如孔孟之道及其一系列话语，起到了稳定和巩固封建社会制度的意识形态作用。当代资本主义，经过几百年的发展，则形成了一整套有助于巩固和强化资本主义制度的意识形态话语体系。

中国共产党所领导的中国特色社会主义的巩固和发展，不仅需要建立强大的物质基础，而且需要建立巩固的精神和意识形态支撑。正确的东西不去占领，错误的东西就会占领，要建立马克思主

---

① 《邓小平文选》第 3 卷，人民出版社 1993 年版，第 137 页。

义的强大的意识形态体系,必须构建优势的马克思主义、社会主义
的话语体系。资本主义意识形态话语体系具有鲜明的维护统治阶级
利益的意识形态属性,具有极大的欺骗性和影响力,它的一个成功
之处在于披着超阶级性、全民性、普适性的外衣,有一套迷糊人的
话语表达体系。马克思主义和科学社会主义作为工人阶级的话语体
系一登上意识形态舞台,就表现出鲜明的阶级性和政治性,从而抓
住了广大人民群众。"共产党人不屑于隐瞒自己的观点和意图。"①
马克思主义话语体系从不掩盖工人阶级意识形态的阶级性,直接表
达了工人阶级的阶级诉求和政治要求,直接表明了鲜明的政治立场
和政治主张。因为工人阶级的利益代表全体劳动人民群众的利益,
没有必要再披上普适的、超阶级的外衣。经过一百多年的努力,马
克思主义用语、概念、范畴作为工人阶级意识形态的话语体系,经
过几代马克思主义者的传播,逐步为世界工人阶级及其广大人民所
接受。从马克思恩格斯的科学创造,到成为工人阶级的思想武器、
为工人阶级及其政党所运用,团结人民、教育人民、赢得俄国"十
月革命"和一系列东方社会主义革命的成功,马克思主义话语体系
表现出马克思主义强大的生命力。在我国,中国共产党人把马克思
主义话语体系与中国实际相结合,形成具有中国特色、中国风格、
中国气派的中国化马克思主义的话语体系,如毛泽东思想、中国特
色社会主义理论体系话语,成功地传播了马克思主义真理,指导了
中国革命、建设和改革开放。其特点是体现鲜明的工人阶级意识形
态性,体现马克思主义的真理性,体现社会主义的本质属性;与中
国实践相结合,为中国人民所掌握,成功地指导中国革命和中国建
设实践;具有中国特色、中国风格、中国气派的特点,为中国人民

---

① 《马克思恩格斯选集》第 1 卷,人民出版社 1995 年版,第 307 页。

所喜闻乐见。

　　为了防范颜色革命、抵制文化霸权、防止和平演变，我们一定要居安思危，牢固树立忧患意识。

　　第一，唱响马克思主义、共产主义的理论话语，坚持科学社会主义的基本原则和共产主义理想信念，牢牢把握马克思主义在意识形态领域的话语权，这是防止和平演变、"颜色革命"和"文化霸权"最根本、最有效、最可靠的武器。回顾总结"颜色革命"的案例，世界上的"颜色革命"毫无例外地都发生在社会极度两极分化、经济政治处于困境的一些国家和地区。发生在所谓社会主义国家的"颜色革命"，实际上其执政党早就背离社会主义原则，"颜色革命"正是这些国家和地区社会矛盾激化而被西方势力利用的结果。凡是真正人民当家做主、走共同富裕道路、让群众能够共享发展利益的社会主义国家，不可能具备策动"颜色革命"的社会条件。反之，如果在经济私有化、政治腐败化的进程中背叛社会主义原则，滋生积聚起大量社会矛盾和隐患，就很容易酿就"颜色革命"。

　　第二，从战略上增强维护国家文化安全的高度警觉和清醒认识，锻造一支忠于党和人民的文化军队。毛泽东同志曾一针见血地指出，列强从来没有放弃过文化上的侵略，他们的所谓"传教、办医院、办学校、办报纸和吸引留学生等，就是这个侵略政策的实施，其目的在于造就服从他们的知识干部和愚弄广大的中国人"①。毛泽东同志还指出过："我们要战胜敌人，首先要依靠手里拿枪的军队。但是仅仅有这种军队是不够的，我们还要有文化的军队，这

----

① 《毛泽东选集》第 2 卷，人民出版社 1991 年版，第 630 页。

是团结自己、战胜敌人必不可少的一支军队。"① 毛泽东同志的话今天照样管用。必须从意识形态、民族文化和大众文化层面高度防范任何轻视国家文化安全的行为,尤其要密切关注文化帝国主义以及文化分裂主义对广大发展中国家文化安全构成的严峻挑战。因为,国家文化安全是确保一个民族、一个国家独立和尊严的重要精神支撑,捍卫国家和民族的文化安全始终是一项与经济发展、军事斗争准备同等重要的政治任务。

第三,要以高度的马克思主义理论自信和理论自觉来推进话语体系建设。"话不投机半句多",不要期望马克思主义的话语体系能为资产阶级政客和资本主义制度的辩护士和理论家们所接受。不要期望以他们的喝彩来衡量我们的成绩和成效。这里的关键是我们自己要以高度的马克思主义理论自信和理论自觉来推进话语体系建设。我们要有自己的政治定力和理论定力。在中国革命、建设和改革的伟大历程中,中国共产党带领人民创造了惊天动地的业绩,也创造了毛泽东思想和中国特色社会主义理论体系这一人类崭新的思想体系和话语体系,创造了反映中国人民内心最深处愿望和情感、表达中国人民最切实利益和未来目标的话语。比如,半殖民地半封建社会、新民主主义革命、"三座大山"、为人民服务、实事求是、坚持四项基本原则、改革开放、共同富裕、小康社会、"中国梦"等。历史和现实反复证明,任何照抄照搬,任何妄自菲薄都不能解决自己的问题,都只会削弱和丧失自己的话语权,败坏自己的事业。我们还要看到,2008 年爆发的国际金融危机,使西方国家的社会制度、发展模式、价值观念乃至话语体系遭到包括西方进步学者在内的世界各国人民前所未有的质疑和挑战;中国 30 多年改革开

① 毛泽东:《在延安文艺座谈会上的讲话》(1942 年 5 月),《毛泽东选集》第 3 卷,人民出版社 1991 年版,第 847 页。

放取得举世瞩目的成就，引起国际社会对中国道路、中国经验甚至中国理论、中国制度越来越大的关注；中国特色社会主义实践的成功经验，为建设中国理论学术创新体系，构建中国理论学术话语体系，提供了极为丰富的素材；十八大以来新一届中央领导集体特别是习近平总书记提出的一系列新理论、新思想、新观点、新论断、新文风，为建立和创新中国特色的话语体系奠定了深厚的理论基础。我们并不拒绝优秀的中华传统文化，也不拒绝优秀的外国包括西方文明，要以马克思主义为指导，以社会主义先进文化为主要内容，兼收并蓄古今中外优秀文化，构建我们自己的话语体系。

我坚信，只要我们坚持党的基本理论、基本路线、基本纲领、基本经验，朝着实现"两个一百年"的中国梦不断努力奋斗，一种新的发展方式、一种新的文明样式必将屹立在世界东方，一种以马克思主义、共产主义为灵魂的具有中国特色的理论学术话语体系必将形成并在世界产生广泛的影响。

坚持和发展马克思主义的必修课[*]

（2016 年 1 月 15 日）

今天，党组举办马克思主义政治经济学培训班，请经济学八个研究所（编者注：经济研究所、工业经济研究所、农村发展研究所、财经战略研究院、金融研究所、数量经济与技术研究所、人口与劳动经济研究所、城市发展与经济研究所）和马克思主义研究院处室级以上同志学习马克思主义政治经济学基本原理，学习习近平总书记在第二十八次政治局集体学习时的重要讲话。学习马克思主义政治经济学，学习习近平总书记关于中国特色社会主义政治经济学思想，这只是一个开头。真正学懂，真信、真用还得下大工夫，花很长一段时间，是一个长期的任务。这里，我代表党组作一个学习动员。

2015 年 11 月 23 日，中共中央政治局就马克思主义政治经济学基本原理和方法论进行了第二十八次集体学习，习近平总书记发表重要讲话。他强调，马克思主义政治经济学是马克思主义的重要组成部分，也是我们坚持和发展马克思主义的必修课。

要认真学习贯彻习近平总书记关于坚持和发展马克思主义政治

---

* 本文系作者 2016 年 1 月 15 日在中国社会科学院经济学部、马克思主义研究院处室级以上领导干部马克思主义政治经济学培训班上的讲话。

经济学的重要讲话精神，真学、真懂、真信、真用马克思主义政治经济学。要通过学习马克思主义政治经济学，深化对我国社会主义发展规律的认识和把握，提高领导中国特色社会主义经济发展的能力和水平。要通过学习马克思主义政治经济学，提高运用马克思主义政治经济学的立场、观点、方法认识当代资本主义的内在矛盾及其发展趋势，提高我们正确认识人类社会发展规律、社会历史发展必然趋势和对当代世界发展格局及其国际形势的认识，提高我们处理国际问题的能力和水平。要通过学习马克思主义政治经济学，总结中国特色社会主义建设的新鲜经验，回答我国经济社会发展面临的新阶段、新情况、新问题，构建中国特色社会主义政治经济学，实现马克思主义政治经济学的创新发展。

今天在这里组织大家学习，对于我们社科院从事经济学研究的同志来说，主要是通过学习马克思主义政治经济学的基本原理，学习习近平总书记的重要讲话精神，掌握马克思主义政治经济学的立场、观点、方法，掌握科学的世界观、方法论，运用于我国的经济发展研究、党和国家重大理论与现实问题的研究、中国特色社会主义政治经济学的研究。

下面，我谈四个问题。

一 马克思主义政治经济学是揭示经济社会发展客观规律的真理，是工人阶级政党领导革命、建设和改革的理论指南与思想武器

恩格斯在马克思墓前发表了一篇悼念马克思的重要讲话，他说，马克思一生对人类有两个最伟大的发现，一是唯物史观，一是剩余价值。他又说，人的一生中能有这样两个发现，该是很够了，

即使只能作出一个这样的发现，也已经是幸福的了。在马克思之前，人类对自身社会及其历史的认识，是唯心主义历史观占据统治地位。如果没有马克思的唯物史观和剩余价值论，人类对自身历史以及资本主义发展规律的认识还在黑暗中摸索。可以说，迄今为止，没有任何一个历史观能够超过马克思的历史观对人类社会及其历史规律的科学揭示。马克思运用科学的历史观分析资本主义社会的经济现象，创立了剩余价值理论，从而揭示了资本主义的内在矛盾，预示了资本主义必然要灭亡，要由更高的社会形态来代替资本主义这样一个历史发展的客观规律，从而使社会主义由空想变成了科学，创立了科学社会主义理论。科学社会主义的创立，为无产阶级政党领导无产阶级及其劳动人民群众推翻剥削制度，建立一个没有剥削、没有压迫的新的社会形态，提供了全部的理论根据和思想武器。马克思主义政治经济学是建立在剩余价值理论基础上的科学理论体系，它是经过时间和实践检验的真理。

马克思主义政治经济学最基本的代表著作就是《资本论》，是马克思耗费四十年时间倾力所著。全书共四卷，149章，300多万字。《资本论》耗时之长久，内容之丰富，道理之深邃，是我们所处的这个时代任何社会科学著作都无可比拟的。我们很多人去过英国的大英博物馆。据传，马克思为了写这部著作，久而久之，用双脚在大英博物馆的圆形穹顶图书馆座位下的地面上磨出两个脚印来。我来到大英博物馆，就找这两个脚印，没找到。管理人员告诉我，马克思作为一个普通读者没有固定座位，他今天坐这，明天就可能坐那，并没有磨出两个脚印的地方，看来这是误传。但是，马克思在伦敦写作《资本论》，主要依靠大英博物馆的资料，从早到晚付出了极其艰辛的劳动，创造了科学的巨作，这却是真实的。《资本论》就像世界的最高峰，到现在没有任何社会科学著作超过它。《资本论》被称赞是射向资产者最厉害的"炮弹",是献给工人阶级的"圣经",是马克思主义的"百科全书"。恩格斯有句话,说无产阶级政党的"全部理论内容来自对政治经济学的研究"①。列宁称其是马克思主义理论"最深刻、最全面、最详尽的证明和运用"②。恩格斯还有一句话,说《资本论》是工人阶级最通俗的一本理论著作。当时我读《资本论》的时候觉得很艰深,尤其是从商品二重性、劳动二重性分析入手,揭示整个资本主义的内在矛盾,逻辑性之严密,理论论证之精密,是任何理论思维不经过多次的深入研读所无法理解的。那么恩格斯为什么说马克思的《资本论》,工人阶级一读就懂呢?因为恩格斯在写作《英国工人阶级生活状况调查》这部书时,深入到工人阶级中去,真正认识到,工人阶级亲身体会到剩余价值的剥削,亲身体会到人成为机器的附庸,所以站在这个角度说,工人阶级从自身经历出发是可以读懂这本书的。当然,对我们这些远离当时英国工人阶级生活状况,对当时整个欧洲工人阶级生活状况没有亲身感受的人来说,时空距离更远,所以真正读懂就难多了。

昨晚我把自己在80年代写的博士论文找出来,其中有一章是分析社会主义商品经济(当时还不叫市场经济)关系内在矛盾的。我在写这一章的时候,就反复研读了马克思的《资本论》。我认为,马克思的《资本论》为我们研究今天我国的社会主义经济和世界经济提供了基本的立场、观点和方法。一是立场。什么立场?就是站在工人阶级和劳动人民群众的立场上。马克思主义政治经济学,前面两个字叫政治,政治是什么?在阶级社会中,讲政治,首先讲站在什么阶级立场上,也就是说,政治的根本问

---

① 《马克思恩格斯选集》第2卷,人民出版社1995年版,第37页。
② 《列宁全集》第26卷,人民出版社1990年版,第62页。

题是站在什么人的立场上来看问题。马克思、恩格斯虽然不是工
人阶级家庭出身，但是他们是站在工人阶级立场上来看待资本主
义经济现象的。立场问题是第一位的。我们反复讲，在今天，在
社会主义条件下，哲学社会科学研究必须首先解决为什么人的问
题，也就是为什么要研究问题，站在什么立场上为谁说话，这是
个根本立场问题、根本政治问题。马克思主义政治经济学为我们
提供了研究问题所必然要解决的基本立场。二是观点。马克思主
义政治经济学，为我们提供了认识问题的基本原理和重要观点。
马克思主义政治经济学最基本的原理一个是劳动价值论，一个是
剩余价值论，马克思把这两个问题都解决了。马克思的劳动价值
论必然导引出剩余价值论，这就是马克思主义政治经济学之所以
超过英国古典经济学的原因。英国古典经济学提出了劳动价值
论，认为劳动创造价值，劳动是价值的源泉。但是由于他们不懂
得劳动的二重性，不懂得具体劳动创造使用价值、抽象劳动创造
价值，把劳动与劳动力二者混淆，因而他们的劳动价值论是不彻
底的，不可能得出剩余价值的正确结论。马克思继承了英国古典
经济学的劳动价值论，创立了彻底的劳动价值一元论，回答了英
国古典经济学所不能回答的问题。马克思告诉我们，只有人的活
劳动和生产资料相结合，才能增值，即才能产生新的价值。其他
任何生产要素本身都不能带来原有价值基础上的增值，这些生产
要素只是参与对剩余价值的分配而已。再一个就是剩余价值论。
在马克思主义政治经济学中，劳动和劳动力是有区别的。在资本
主义市场经济中，劳动力成为商品，工人出卖了自己的劳动力，
资本家购买了工人的劳动力。工人在生产过程中付出了自己的活
劳动，与生产资料相结合，创造出了新的价值。然而，资本家付
给工人的工资只是劳动力作为商品的价值，并不是工人劳动创造

的全部价值。这样，工人付出劳动所创造的价值减去劳动力的价值，就是剩余价值，这就是资本主义剥削的秘密。在创造劳动价值论和剩余价值论过程中，马克思创造了一系列范畴、观点和原理，如商品与商品的二重性、劳动与劳动的二重性、价值与价值规律、资本与劳动、生产与再生产、周期性经济危机，等等，揭示了资本主义的内在矛盾、经济运行规律以及必然灭亡的历史趋势。三是方法。唯物辩证法是马克思《资本论》的方法论。《资本论》是政治经济学巨著，也是一本马克思主义哲学巨著，正是运用唯物辩证法、唯物史观，马克思才精辟地揭示了资本主义的经济发展规律及其内在矛盾。从基本经济事实出发认识资本主义，这就是唯物论的分析方法。从商品的二重性分析入手引出劳动的二重性，从劳动的二重性分析入手引出了资本主义不可克服的内在矛盾，引出了资本主义阵发性的经济危机，揭示出资本主义就在周期性的经济危机中，不断地走向坟墓的历史必然性。同时指出在资本主义发展进程中，造就了它的对立面，造就了它的掘墓人，必然孕育出新的社会因素，最终要为新的社会形态所替代，这就是历史的必然逻辑。这就是辩证法、矛盾分析法。在《资本论》的唯物辩证的分析下，资本主义就是这么一个历史发展的必然进程，当然这个过程会有一个很长很长的历史时期。正是对历史必然性的科学分析，马克思得出一个结论，资本主义作为一种社会形态是一定要灭亡的，共产主义作为代替它的一种新的社会形态，是必然要取代资本主义的，这是不可避免的历史必然趋势。我们共产党人要有最高理想，就是共产主义。当然也要有当前纲领，就是实现中国特色社会主义的共同理想。这是有科学依据的，是符合历史发展规律的，而这科学依据恰恰是马克思主义政治经济学得出来的。

实现了中国革命、建设和改革胜利的中国共产党人，一直把马克思主义政治经济学作为领导中国人民不断奋斗的理论基础。"十月革命一声炮响，给我们送来了马克思列宁主义。"中国的先进分子，开始用马克思主义的宇宙观，观察国家命运，考虑自己的问题。1926年毛泽东在《中国社会各阶级的分析》，也就是《毛泽东选集》的开篇之作，运用马克思主义政治经济学原理，从生产关系入手，分析不同阶级的经济地位，以及他们之间的经济关系，分析由此而决定的他们的阶级立场和政治态度，从而分清谁是我们的敌人，谁是我们的朋友，解决了中国革命的领导力量、革命的依靠力量、革命的团结对象、革命的敌人。这个革命的首要问题，得出了中国革命的正确的路线、方针、政策、策略和战略，引导中国革命走向胜利。在新民主主义革命时期，毛泽东运用马克思主义政治经济学的一般原理，成功地领导了根据地的经济建设，创造性地提出了新民主主义经济纲领。在社会主义建设时期，毛泽东在探索社会主义建设道路的过程中，坚持马克思主义政治经济学基本原理，运用马克思主义政治经济学的立场、观点和方法认识中国社会主义建设的规律，解决中国社会主义建设的理论和实践问题，取得了中国社会主义建设的伟大成就，为今天的中国特色社会主义提供了宝贵经验、理论准备和物质基础。

改革开放以来，我们也是靠马克思主义政治经济学指导，提出了建立社会主义市场经济的创新理论，走出了一条中国特色社会主义市场经济的繁荣发展的成功之路。中国共产党人从来都是把马克思主义政治经济学作为自己的指导理论的，它是真理、是指南、是武器。当然，我们要掌握马克思主义政治经济学的立场、观点和方法，而不是生搬硬套某些个别的结论。

二　马克思主义政治经济学没有过时，它依然闪烁着真理的光辉，仍然是我们今天观察和解决问题的最锐利的思想武器

　　有些人认为，马克思主义政治经济学过时了，《资本论》过时了，这个论断是不对的。远的不说，就从国际金融危机来看，许多资本主义国家经济持续低迷、失业问题严重、两极分化加剧、社会矛盾加深。事实说明，《资本论》所揭示的资本主义社会基本矛盾，即资本主义固有的生产社会化和生产资料私人占有之间的矛盾依然存在，只不过表现形式、存在特点有所不同。马克思主义政治经济学没有过时，仍然管用。

　　最近，习近平同志在全国党校工作会议上和十八届中央纪委六次全会上的重要讲话都一再强调，领导干部要树立看齐意识。部队每天早晨出操都反复强调看齐，向右看、向左看、向中看，看齐！为什么呀？就是总有看不齐的，这就必须反复要求看齐。习近平总书记讲的看齐意识，首先是讲思想理论上的看齐，思想理论不一致，言行就会走调、走板、走偏，甚至跑到反面。指导我们思想的理论基础是马克思列宁主义。马克思主义是党在意识形态的指导思想，是全国全党全军共同的理论基础。我们共产党人的全部理论基础是马克思主义，这是我们共产党人的共同语言、共同行动纲领。我们所从事的事业是伟大的中国特色社会主义事业，根本任务是以经济建设为中心。发展社会主义生产力，抓好社会主义经济建设，离开马克思主义政治经济学的指导就会偏离方向。今天，就是要向马克思主义看齐，向当代马克思主义看齐，向中央看齐，向习近平总书记看齐。我们一定要学习和掌握马克思主义政治经济学的基本

原理，学习中国特色社会主义政治经济学，学习习近平总书记系列重要讲话。今天世界形势发生根本变化，出现了过去所没有出现过的新特点、新情况、新问题，时代已经发生阶段性的变化，看不到这个根本变化就不是马克思主义者。但是必须清醒地认识到，当今时代主题、特点虽然有阶段性变化，但时代本质没有变，时代根本性质并没有改变，马克思主义政治经济学对时代本质的概括和反映，仍然闪烁真理的光辉。

目前，仍然处在马克思所揭示的资本主义的世界历史时代。1879—1882 年期间，晚年马克思成功地运用唯物史观，把研究重心和注意力转向俄国乃至东方社会，其中形成了著名的世界历史理论。马克思主义唯物史观及其世界历史理论揭示了人类社会历史依次由原始社会到奴隶社会、封建社会、资本主义社会，最终经由社会主义社会发展到共产主义社会的演变规律，指明了自从资本主义代替封建主义以来，人类历史即进入了一个新时代，这就是马克思所揭示的资本主义的世界历史时代，该时代始终贯穿资本主义与社会主义的生死博弈。自从人类历史进入资本主义发展阶段，同时就孕育产生了埋葬资本主义的物质力量，酝酿产生了新的社会形态因素，世界历史发展展示了一系列整体性的时代变化。其特征：一是资本主义社会化大生产的发展打破了人类社会的旧的分割与隔绝，资本主义市场经济把人类社会连成一气，构成一个统一的世界整体。二是在资本主义发展的同时，社会主义因素产生并在发展，世界历史始终贯穿着资本主义与社会主义两个前途、两种命运、两条道路、两大力量的较量。三是资本主义与社会主义两种前途和力量呈交叉递进态势，资本主义由革命阶段的上升期经成熟阶段的发展期开始逐步衰退，资本主义虽强，仍顽强地表现自己，不可能轻易地退出历史舞台，但总体由兴盛走向衰落。社会主义由新生阶段的初生期步入成长阶段的曲折期，由小到大，在曲折中坚强地发展前进，社会主义虽弱，但代表了人类历史的新前途。四是资本主义主导的世界历史进程必然为共产主义主导的世界历史进程所替代，这是历史发展不可抗拒的潮流。五是实现现代化是现今世界历史发展的核心问题。实现现代化有两条道路，一条是资本主义现代化道路，一条是社会主义现代化道路。资本主义现代化必然为社会主义现代化所替代。世界历史进程决定经济相对落后的国家选择社会主义现代化道路，可以避免资本主义现代化道路的苦难。六是马克思所判断的资本主义世界历史进程已历经三个阶段，即马克思主义产生时的自由竞争资本主义阶段，该阶段一方面是资产阶级财富的积累，另一方面是工人阶级贫困的积累，两极分化和工人阶级社会主义运动兴起，是该阶段的主题；列宁所判定的垄断资本主义阶段，该阶段的主题是战争与革命，资本主义社会基本矛盾激化引起世界性战争，战争又引起一系列社会主义革命，如十月革命、中国等东方国家的革命；邓小平所判定的美苏两个超级大国冷战结束后的和平与发展成为两大世界性问题的新阶段，资本主义世界历史的总的时代性质没有改变，资本主义社会基本矛盾依然存在，但和平与发展成为两大世界性问题。七是时代阶段性主题的转化，虽然没有改变马克思主义经典作家所揭示的总的时代性质，社会主义必然代替资本主义的历史总趋势依然不可逆转，资本主义内在矛盾仍然不可调和，但时代主题的阶段性转换却为中国特色社会主义的和平发展提供了战略机遇。

资本主义，它在一开始是进步的，取代了封建社会，带来了生产力和人类社会的巨大发展。马克思在《共产党宣言》中指出，资本主义给人类社会生产力带来了巨大的发展，百年间资本主义社会生产力取得了远远超过封建社会千年所无法比拟的巨大发展。资本主义发展的一个巨大特点是，市场化打通了全世界，使全世界连成一片，打破了国与国、地区与地区、民族与民族之间的隔绝与孤立。所以马克思讲，资本主义发展使人类历史成为世界历史，这叫世界性。今天，这就叫全球化。全球化是一把双刃剑，一方面推动了世界的进步与发展，特别是从最近几十年的情况来看。然而，另一方面，资本主义的内在矛盾又是不可克服的。资本主义从来就是与屈辱、苦难、流血和战争联系在一起的。殖民战争、第一次世界大战、第二次世界大战，直到今天，战乱不已，世界两极分化严重，穷的越穷，富的越富，资本主义造成全球化，又通过全球化掠夺全世界，资本主义越来越走向它的反面。马克思《资本论》的科学论证告诉我们，在资本主义发展的同时，造就了它的对立面和掘墓人，即社会主义新的因素和工人阶级。中国特色社会主义就是《资本论》预示的新的社会形态的成功案例。马克思主义政治经济学，说明了这个世界历史时代的历史规律和必然发展的历史趋势，马克思主义政治经济学基本理论并没有过时。这是马克思主义政治经济学仍然管用的第一个理由。

第二个理由，我们现在正在搞社会主义市场经济，同样需要马克思主义政治经济学的指导。落后国家搞社会主义怎么搞呢？老祖宗没有具体讲。《资本论》告诉我们，公有制必然代替私有制，共产主义社会形态必然代替资本主义社会形态。马克思在《哥达纲领批判》中说："在资本主义社会和共产主义社会之间，有一个从前者变为后者的革命转变时期。同这个时期相适应的也有一个政治上的过渡时期，这个时期的国家只能是无产阶级的革命专政。"① 资本

---

① 《马克思恩格斯文集》第3卷，人民出版社2009年版，第445页。

主义到共产主义必然有一个过渡阶段，这是"共产主义社会的第一阶段"，即社会主义社会阶段，社会主义社会与共产主义社会的区别是按劳分配。马克思做出这样的重要判断，只是根据历史发展的总趋势做出的理论概括。社会主义到底什么样子、共产主义到底什么样子、社会主义怎么建设、共产主义怎么建设，他只是提出了一个原则，规划了一个总的蓝图，并没有实践，他不可能说得那么具体。马克思只是认为，在生产力高度发达的资本主义社会，社会矛盾激化到一定程度，资本主义的生产关系再也容纳不下其生产力了，社会主义革命就到来了，革命成功，建立了无产阶级专政的社会主义社会。在社会主义社会，也就是共产主义社会的第一阶段，实行的是全社会的公有制，没有私有制，劳动者直接按劳分配，没有商品、货币，实行计划经济。事实上，现今社会主义革命都是发生在落后国家，如在俄国、中国等，并没有发生在欧美发达的资本主义国家。列宁领导十月革命成功以后，一开始设想搞纯之又纯的计划经济的社会主义，设计整个俄国是一个大"辛迪加"，即俄国是一个全部实行公有制的大工厂，劳动者按付出的劳动时间取得劳动券，直接按劳分配。但是他的设想还没开始实行，就赶上 14 个帝国主义国家与俄国国内"白匪"联合起来发动的内战，妄图把苏维埃扼杀在摇篮里。列宁领导打了几年苏维埃保卫战，把帝国主义和"白匪"打败了，巩固了苏维埃政权。但是，当时跟着布尔什维克闹革命的水兵又把炮口调转对着苏维埃了。为什么？因为革命成功好几年，老百姓还没吃饱饭。大家看过《列宁在 1918》《列宁在 1919》这两部黑白电影，每人几个土豆、几两面包，实行按需分配，搞军事共产主义。水兵的转变促使列宁开始深思，社会主义到底是什么样子，应该怎样搞社会主义？在落后国家搞社会主义到底怎么办呢？马克思没有讲。列宁开始考虑在落后国家里搞社会主义恐怕要搞商品经济，要有商品，有价值，有价值规律，也不完全都搞公有制，要有一部分私有制，或者其他所有制，要有国家资本主义的发展，要引进外资。列宁发表了一系列文章，即晚年关于历史唯物主义的八篇文章，提出新经济政策思想，这就是列宁对在落后的俄国搞什么样的社会主义、怎样搞社会主义的理论思考，也可以说，开始考虑运用马克思主义政治经济学指导在俄国这样落后的国家怎么建设社会主义的问题。把马克思主义政治经济学运用于俄国社会主义建设的实践，列宁开始创新、发展马克思主义政治经济学。

当然，列宁还没有来得及全面推开新经济政策，就逝世了。斯大林接替了列宁，我们党对他的评价是"三七开"，成绩是主要的，当然也犯有严重的错误。就总体来说，他主持了苏联的社会主义建设，实现了社会主义工业化和农业集体化，打败了德国法西斯，把苏联建设成为能与美国抗衡的大国，这是斯大林的历史功绩，这是抹杀不了的。赫鲁晓夫等人，还有西方敌对势力，向他泼了不少污水。毛泽东同志讲："斯大林这把刀子，赫鲁晓夫丢了，别人就捡起来打他，闹得四面楚歌。"[1] 赫鲁晓夫攻击斯大林，污蔑他是"独裁"、"恶棍"，彻底否定了斯大林，也就否定了苏联共产和社会主义制度，这是一场搞垮马克思主义、搞垮社会主义的意识形态斗争。这与今天我国国内一些搞历史虚无主义、否定毛泽东、否定中国共产党、否定中国革命如出一辙。在经济建设方面，斯大林既突破了马克思经典著作的某些结论，又囿于马克思经典著作的某些结论。当然，苏联最终形成了一个僵化的计划经济体制，这个体制使社会主义应有的制度优越性没有完全发挥出来，严重束缚了苏联

---

① 吴冷西：《忆毛主席》，新华出版社1995年版，第27页。

社会主义生产力的发展。然而，斯大林也没有完全照搬社会主义不能搞商品、市场的结论，而是在一定范围内肯定了商品经济和价值规律，发挥了价值规律的作用，这体现在他的《苏联社会主义的经济问题》一书中。

十月革命胜利后，在俄国流行"社会主义制度下不存在政治经济学"的观点，直到公开发表了列宁《在尼·布哈林〈过渡时期的经济〉一书上作的批注和评论》，才否定了这个观点。斯大林重视社会主义政治经济学的理论建设。1952年10月，他发表了《苏联社会主义的经济问题》，并要求撰写《政治经济学教科书》（社会主义部分）。《苏联社会主义的经济问题》是斯大林的最后一部重要著作，是他经济思想的代表作，他力图运用马克思主义政治经济学概括总结苏联三十多年社会主义经济建设的经验，力图阐述马克思主义的社会主义政治经济学。我们应当用历史的眼光来评价这本书，尽管有其不可克服的历史局限性，但在对社会主义政治经济学的阐释上还是提出了很有价值的思想。如下，一是针对否定社会主义制度下的经济规律是不以人的意志为转移的客观规律的观点，提出不管人们愿意不愿意或承认不承认，经济规律总是客观存在的和发生作用的，人们不能消灭这些规律，也不能创造新的规律。人们可以认识经济规律，并利用其为人类社会服务。在阶级社会中，对待发现和利用经济规律，不同的阶级有着不同的认识。二是提出社会主义虽然消灭了私有制，但由于社会主义公有制存在全民所有制和集体所有制，所以存在社会主义的商品生产。三是提出社会主义商品生产与资本主义商品生产是根本不同的，不能把二者混为一谈。社会主义商品生产不会造成资本主义产生的条件，不会引导到资本主义。四是认为在社会主义制度下，由于存在商品生产，价值规律必然存在并发生作用，这是不以人的意志为转移的，在社会主义制度下，价值规律是为社会主义经济服务的。价值规律是很好的实践的学校，利用价值规律的作用对社会主义经济有着重要意义。斯大林第一次论证了社会主义条件下商品生产、商品交换和价值规律的客观必然性，强调了社会主义商品经济与资本主义商品经济的根本区别。这些认识对于我们认识经济规律的客观性，自觉按经济规律的要求办事，充分认识社会主义市场经济的必然性，大力发展社会主义市场经济，重视价值规律在社会主义条件下存在的必然性，充分发挥价值规律在社会主义条件下的作用，是有借鉴意义的。当然斯大林的理论认识也有历史局限性，但这并不能否定斯大林对马克思主义政治经济学的某些贡献。

新中国成立以后，毛泽东就向他身边的人讲，要搞一部社会主义的政治经济学。毛泽东主张学习《资本论》，主张学习斯大林的《苏联社会主义的经济问题》和苏联经济研究所编的《政治经济学教科书》（社会主义部分）。1959 年底到 1960 年初，毛泽东带领着几个笔杆子集中了 25 天，读《政治经济学教科书》（社会主义部分），边学边研究社会主义到底怎么搞经济建设。毛泽东认为，为了推进中国社会主义经济建设，既要坚持马克思主义政治经济学的基本原理，又要立足中国国情，总结中国经验，不断推进马克思主义理论创新，产生自己的理论家，创造自己的经济学理论，形成具有中国自己特色的政治经济学理论。他在读苏联《政治经济学教科书》（社会主义部分）时强调："马克思这些老祖宗的书，必须读，他们的基本原理必须遵守，这是第一。但是，任何国家的共产党，任何国家的思想界，都要创造新的理论，写出新的著作，产生自己的理论家，来为当前的政治服务，单靠老祖宗是不行的。"① 毛泽东

---

① 《毛泽东文集》第 8 卷，人民出版社 1999 年版，第 109 页。

总结苏联社会主义建设的经验教训，对社会主义政治经济学进行创造性的理论探索，在商品经济、经济体制、对外开放等方面提出了一系列重要理论论断，率先提出社会主义要大力发展商品生产和商品交换。这些认识构成了社会主义市场经济理论的重要前提。毛泽东认为，商品生产本身是没有什么制度性的，它只是一种工具，看一种商品经济的制度特征，"要看它是同什么经济制度相联系，同资本主义制度相联系就是资本主义的商品生产，同社会主义制度相联系就是社会主义的商品生产"。① 社会主义时期，必须充分利用商品经济这个工具，使之为社会主义建设服务，中国的商品经济很不发达，一定要"有计划地大力发展社会主义的商品生产"；一味否定商品经济的观点"是错误的，这是违背客观法则的"。② 他明确指出，价值规律在我国的社会主义建设中发挥着作用，"价值法则是一个伟大的学校，只有利用它，才有可能教会我们的几千万干部和几万万人民，才有可能建设我们的社会主义和共产主义。否则一切都不可能"。③ 对干部要进行教育，使他们懂得价值规律、等价交换，违反就要碰得头破血流。他从中国实际国情出发，明确认为，基于中国经济发展的现实状况，在对待资本主义和私营经济问题上，既不搞教条化，也不搞西化，可以在搞国营的基础上搞私营，坚持社会主义的前提下搞资本主义，"可以搞国营，也可以搞私营"，可以消灭资本主义，又搞资本主义，因为"它是社会主义经济的补充"。④ 在经济体制和所有制结构方面，他对传统计划经济提出质疑，明确提出要调动两个积极性的思想，"我们不能像苏联那

---

① 《毛泽东文集》第 7 卷，人民出版社 1999 年版，第 439 页。
② 同上书，第 438 页。
③ 《毛泽东文集》第 8 卷，人民出版社 1999 年版，第 34 页。
④ 《毛泽东文集》第 7 卷，人民出版社 1999 年版，第 170 页。

样，把什么都集中到中央，把地方卡得死死的，一点机动权也没有"①，一定要划分好中央和地方的经济管理权限，充分发挥好中央和地方两个积极性。在对外开放的问题上，他提出"向外国学习"的口号，主张要搞两点论而不是一点论，"一切民族、一切国家的长处都要学，政治、经济、科学、技术、文学、艺术的一切真正好的东西都要学。但是，必须有分析有批判地学，不能盲目地学，不能一切照抄，机械搬用"。② 他在经济建设的基本方针和方法上提出：既要反对保守又要反对冒进，在综合平衡中稳步前进，以农业为基础，以工业为主导，按农轻重的次序安排国民经济计划，从中国的具体情况出发，搞好综合平衡，统筹兼顾，适当安排，勤俭办事。他还提出实行按劳分配、反对平均主义和过分悬殊的问题。这些重要论断为改革开放时期我们党提出社会主义市场经济体制改革和对外开放做了重要的理论储备。

在改革开放新时期，邓小平提出，社会主义可以搞市场经济。我们经过三十多年的改革开放，初步构建了社会主义市场经济体系，取得了中国特色社会主义的伟大成绩，走出了一条中国道路，坚持了中国制度，创造了中国理论。这也是对马克思主义政治经济学的创新和发展，对《资本论》的创新和发展。

今天，我们在中国特色社会主义新的发展阶段、新的历史起点上正从事一场新的伟大斗争。社会主义市场经济与全世界的市场经济是联系在一起的，在资本主义世界市场环境下搞社会主义市场经济，这就更需要学习掌握《资本论》，更需要坚持和发展马克思主义政治经济学，因为马克思主义政治经济学对市场经济规律做了全面的揭示，对资本主义市场经济做了深刻分析，对如何发挥价值和

---

① 《毛泽东文集》第7卷，人民出版社1999年版，第31页。
② 同上书，第41页。

价值规律的作用做了充分论证。马克思主义政治经济学没有过时，不坚持不发展马克思主义政治经济学，怎么指导社会主义市场经济建设，怎么指导中国特色社会主义事业发展？

三　立足我国国情和我国发展实践，构建当代中国的马克思主义政治经济学，即中国特色社会主义政治经济学

习近平总书记指出，面对极其复杂的国内外经济形势，面对纷繁多样的经济现象，学习马克思主义政治经济学基本原理和方法论，有利于我们掌握科学的经济分析方法，认识经济运动过程，把握社会经济发展规律，提高驾驭社会主义市场经济能力，更好回答我国经济发展的理论和实践问题，提高领导我国经济发展的能力和水平。坚持马克思主义政治经济学的基本原则，构建中国特色社会主义政治经济学，这是时代赋予我们的伟大历史重任。

我们党历来重视对马克思主义政治经济学的学习、研究、运用和发展。早在 1984 年 10 月《中共中央关于经济体制改革的决定》通过后，邓小平同志就高度评价说："写出了一个政治经济学的初稿，是马克思主义基本原理和中国社会主义实践相结合的政治经济学。"十一届三中全会以来，我们党把马克思主义政治经济学基本原理同改革开放新的实践结合起来，不断丰富和发展马克思主义政治经济学，形成了一系列重要理论成果。例如，关于社会主义本质的理论、关于社会主义初级阶段基本经济制度的理论、关于社会主义市场经济理论、关于国有企业改革和股份制改造的理论、关于经济全球化与对外开放理论、关于自主创新和

建立创新型国家的理论……这些理论观点深化了我们对社会主义经济发展规律的认识，创造性地构建了中国特色社会主义政治经济学。

十八大以来，习近平总书记坚持和发展马克思主义政治经济学，在一些重大的社会主义经济问题上，提出了很多新思想、新观点，丰富和发展了当代中国马克思主义政治经济学，开拓了马克思主义政治经济学的新境界。

第一，提出了中国特色社会主义政治经济学的重大原则。他提出，要坚持以人民为中心的发展思想，坚持新的发展理念，坚持和完善社会主义基本经济制度，坚持和完善社会主义基本分配制度，坚持社会主义市场经济改革方向，坚持对外开放基本国策。这是发展中国特色社会主义政治经济学应当遵循的重大原则。这六个原则具有鲜明的时代意义和深远的理论意义。

第二，提出坚持以人民为中心的发展思想。坚持以人民为中心的发展思想，是以习近平为核心的党中央关于经济发展思想的鲜明特点，充分体现了马克思主义唯物主义历史观，充分反映了社会主义的本质要求，充分表达了马克思主义政治经济学的原则立场。作为社科院的学者，要牢固树立为人民做学问的思想，把为最广大人民群众谋利益作为科学研究的出发点和落脚点，把人民群众的伟大实践作为检验科学研究成果的最高标准，把人民群众作为评价科学研究价值的最高裁决者。深入实践、深入基层、深入群众，从火热的社会实践和人民群众的伟大创造中，获取营养，激发灵感，为实现国家富强、民族振兴、人民幸福提供不竭的思想动力和精神源泉。

第三，提出了我国经济发展进入新常态的战略判断。我国经济发展进入新常态，是党的十八大以来以习近平同志为核心的党中央在科学分析国内外经济发展形势、准确把握我国基本国情的基础上，针对我国经济发展的阶段性特征所做出的重大战略判断，是对我国迈向更高级发展阶段的科学指南。当前，我国经济正在向形态更高级、分工更复杂、结构更合理的阶段演化，正从高速增长转向中高速增长，经济发展方式正从规模速度型粗放增长转向质量效率型集约增长，经济结构正从增量扩能为主转向调整存量、做优增量并存的深度调整，经济发展动力正从传统增长点转向新的增长点，正在推进供给侧结构性改革。认识新常态，适应新常态，引领新常态，是当前和今后一个时期我国经济发展的大逻辑，也是我们运用马克思政治经济学分析方法，把握经济运动规律的基本遵循。我们要认真总结经验、深入分析问题，为实现我国经济发展迈向更高级发展阶段提供智力支持、理论支撑。

第四，提出了要坚持新的发展理念。经济发展进入新常态，必须要有新理念、新思路、新举措。创新、协调、绿色、开放、共享五大发展理念，是协调推进"四个全面"战略布局、适应和引领经济发展新常态的重要理论创新，是党关于发展理论的重大升华。创新是引领发展的第一动力，协调是持续健康发展的内在要求，绿色是永续发展的必要条件和人民对美好生活追求的重要体现，开放是国家繁荣发展的必由之路，共享是中国特色社会主义的本质要求。我们要坚持用新的发展理念，深入研究新常态下我国经济速度变化、结构优化、动力转换的新特点，不断破解经济发展新难题，为开创经济发展新局面提供智力支持。

习近平总书记还提出了关于认清马克思主义政治经济学与西方政治经济学的本质区别，巩固马克思主义政治经济学的指导地位，深入研究中国特色社会主义政治经济学，促进社会公平正义、逐步实现共同富裕，发挥市场在资源配置中的决定性作用和更好发挥政府作用，实行混合所有制改革，推进供给侧结构性改革，用好国际国内两个市场、两种资源等一系列重要观点，为我们树立了运用马克思主义政治经济学的立场、观点、方法解决问题的典范。

马克思主义政治经济学是不断发展、与时俱进的科学。当前，世界经济和我国经济都面临许多新的重大课题，需要做出科学的理论回答，更需要形成新的历史条件下的中国特色社会主义政治经济学，以指导伟大的实践。我们要立足我国国情和我国发展实践，揭示新特点新规律，提炼和总结我国经济发展实践的规律性成果，把实践经验上升为系统化的经济学说，为努力推进马克思主义政治经济学的创新与发展贡献智慧与力量。

四　坚持和发展马克思主义政治经济学，坚定不移地把马克思主义政治经济学和当代中国马克思主义政治经济学作为经济工作和经济研究的指导思想

坚持和发展马克思主义政治经济学，系统地构建和发展当代中国的马克思主义政治经济学是中国社会科学院，特别是经济学科的一项重要理论任务，更是一项政治任务。早在 2007 年，党中央就对中国社会科学院明确提出了"三个定位"的战略要求。马克思主义政治经济学基本理论的研究宣传，中国特色社会主义政治经济学的创新研究，是我院"三个定位"要求的题中应有之义，是我院必尽的职责。经济学部的各个研究所，还有马克思主义研究院、世界经济与政治研究所等单位，学科齐全，人才济济，既具有无可替代的理论学术优势，又应有责无旁贷的自觉自为。习近平同志要求我

们，要深入研究世界经济和我国经济面临的新情况新问题，为马克思主义政治经济学创新发展贡献中国智慧。党组希望同志们按照习近平总书记的要求，坚持和发展马克思主义政治经济学，深入地、系统地研究世界经济和我国经济面临的新情况新问题，为马克思主义政治经济学研究宣传，为中国特色社会主义政治经济学的创新发展，贡献我们的心智。

第一，始终坚持马克思主义政治经济学的指导。马克思主义是由马克思主义哲学、马克思主义政治经济学、科学社会主义三个部分组成的，马克思主义是我们党的思想基础和理论指南，同样包括马克思主义政治经济学。必须牢牢巩固马克思主义政治经济学在我国主流意识形态和经济研究中的指导地位，善于运用马克思主义政治经济学基本立场观点方法，分析我国经济和世界经济，分析各种经济思潮，增强政治敏锐性和政治鉴别力，始终保持立场坚定、头脑清醒。要把马克思主义政治经济学的指导作用贯穿到经济学的学科建设、科研工作、学术活动、人才培养中，按照马克思主义政治经济学的基本原理和方法论，扎实地开展科学研究工作，努力构建当代马克思主义政治经济学理论体系。

第二，深入研究中国特色社会主义经济活动中的重大理论和现实问题。从国内情况看，虽然经济长期向好基本没有改变，但发展不平衡、不协调、不可持续问题仍然突出，粗放型发展模式存在一定的惯性，部分行业产能过剩严重，城乡区域发展不平衡，资源约束紧张，生态环境恶化，创新能力不强，企业效益下滑，基本公共服务供给不足，全面建成小康社会的任务依然艰巨。面对繁杂的国内情况，必须保持马克思主义政治经济学的定力和判断力。要充分发挥我院经济理论研究和应用对策研究高端智库的优势，着眼于中国特色社会主义建设的新实践和新发展，把研究和阐释中国特色社会主义重大经济理论与实践问题作为主攻方向；把认真研究习近平总书记关于当代马克思主义政治经济学的新思想、新理念、新战略作为中心课题，把深入研究"四个全面"战略布局、五大发展理念、经济发展新常态、供给侧结构性改革等作为必选题目，多出在马克思主义政治经济学指导下所取得的研究成果，为中央提供有价值的决策参考依据。

第三，全面研判世界经济和世界资本主义发展出现的新动向、新情况。从国际局势看，国际金融危机的深层次影响在相当长时期依然存在，全球经济贸易增长乏力，保护主义抬头，地缘政治关系复杂变化，传统安全威胁和非传统安全威胁交织，外部环境不稳定不确定因素增多。世界经济的现状、发展趋势和出现的问题是与世界资本主义的发展变化相一致的。马克思主义政治经济学所揭示的资本主义的内在矛盾依然存在，仍然起作用，这是我们观察世界经济问题与趋势，做出科学判断的根本论点之所在。对世界经济的判断离不开对资本主义内在矛盾的分析，离不开马克思主义政治经济学的基本原理的指南。一定要把马克思主义政治经济学基本原理运用于对当代资本主义的分析，运用到对世界经济形势的判断。离开马克思主义政治经济学的基本判断是看不清、认不透世界经济趋势的。面对复杂的国际问题必须头脑清醒，树立马克思主义政治经济学的自信自觉，始终坚持运用马克思主义政治经济学的立场、观点和方法认识问题，增强马克思主义对重大国际经济命题的解释力和指导力。

第四，坚决批判西方经济学的原则性错误。习近平总书记要求我们认清西方经济学的错误本质。我们要认真学习领会。这次专门向大家推荐了中宣部组织撰写的《马克思主义政治经济学与西方经济学理论体系的比较》文章，目的就是让大家分清马克思主义政治经济学和西方经济学的本质区别，分清楚这两种理论体系在指导理论、研究对象、研究方法、目标任务上是有根本区别的。

西方经济学作为资产阶级意识形态在经济领域的理论体现，根本使命就是为资本的利益服务，但它却欺骗性地标榜自己是科学客观、公平正义的学说，以此网罗了大批信众，一定要认清西方经济学的资产阶级意识形态的本质。当然，也不可否认，西方资本主义国家经过几百年的发展实践，积累了丰富的市场经济经验。西方经济学学者们不断地从多个角度和层次上提炼概括、归纳总结出反映现代市场经济运行发展一般规律及其特点的观点，形成了一套分析范式和范畴体系，是有值得我们学习和借鉴的地方。一方面，西方经济学所运用的西方市场运行的实践材料及其具有合理性的观点，完全可以用马克思主义政治经济学去粗取精，去伪存真，吸收到当代马克思主义政治经济学的理论构建中。但另一方面，如果仅仅因为西方经济学说存在一些可借鉴性，就把它奉若神明、不假思索地认为其是放之四海而皆准的学说，则无疑是一种立场错误、学术浅薄的表现。对于西方经济理论反映资本主义制度属性、阶级立场、意识形态倾向和价值观念的内容，要坚决批判，决不能照抄照搬；对西方经济学理论反映的社会化大生产和市场经济一般规律的合理方面，要注意借鉴，不可全盘否定。

这些年来，在经济学领域，马克思主义政治经济学被边缘化的现象和趋势十分严重，令人堪忧。有人认为，西方经济学才是指导中国改革开放的理论基础，把金融危机后已被西方抛弃的新自由主义奉为指导中国经济发展的"圭臬"；不是坚持马克思政治经济学基本原则，借鉴西方经济学的合理部分，而是套用西方经济学，全盘照搬西方经济学的理论体系和话语体系；从"经济人"假设出发，抛弃马克思主义政治经济学的基本原理，不讲社会主义市场经济的正确方向，大肆宣扬完全私有化，鼓吹市场万能论，倒向资本主义市场经济的改革取向；把一切问题都看作经济问题，忽视了政治对经济的作用，忽视了社会主义经济发展的根本目的……这些错误的思想和言论，误导了对我国社会主义经济改革与发展根本方向的认识，对我国社会主义改革开放新实践带来了严重的不良导向和影响。

上述错误观点也严重地误导了某些经济学科建设、经济理论研究和对策研究，存在一定程度上忽视了马克思主义政治经济学科学理论的指导，过于偏重西方经济学理论；一定程度上忽视了正确的政治方向和学术导向，过于偏重具体技术操作方面；一定程度上忽视了生产关系、所有制、上层建筑、政治层面上的研究，过于偏重生产要素、经济管理等具体经济问题层面上的研究；一定程度上忽视了宏观的、全面的、系统的、长远的、前瞻的、定性的分析，过于偏重微观的、局部的、眼前的、定量的、细节的、碎片的分析；一定程度上忽视了运用中国话语体系，过于偏重于引用西方概念、话语……

我们的政治经济学的根本只能是马克思主义经济学，而不能是别的什么理论，要大讲特讲马克思主义政治主义经济学，马克思主义经济学不能被边缘化。

马克思主义政治经济学，最重要的是讲政治。政治是经济的集中表现，政治指导经济，当然政治是为经济服务的。政治经济学不是政治和经济的简单相加，经济学虽然是研究经济问题的，但不可能脱离社会政治。按照经济决定政治、政治反作用于经济，经济基础决定上层建筑、上层建筑反作用经济基础的原理来认识经济问题。不能仅仅把经济问题看成为纯粹的物与物之间的关系，经济学实际上反映了人和人之间的经济关系和社会关系，特别是所有制关系、分配关系，当然也包括一切生产流通消费环节中人与人之间的关系。所谓从政治上看问题，就是站在工人阶级的、马克思主义的、社会主义的政治立场上看问题。马克思主义政治经济学从来都是把政治和经济看作是一个有机的整体，从经济的角度分析社会政治发展中存在的问题，从政治角度认识经济问题，反作用于经济，让经济发展始终保持正确的方向。马克思主义政治经济学主要是从生产关系分析入手来看问题，主要从生产资料所有制这个根本问题分析出发来看问题。资本主义西方经济学回避政治原则问题，把经济学抽象为纯粹的"物"与"物"之间的关系，回避"人"与"人"之间关系的研究，其真正目的是掩盖资本主义剥削的本质，进而为生产资料私有制辩护，为资本主义制度辩护。

马克思主义政治经济学不是温室里的花朵，而是在汲取各种思想养分并同各种错误思想斗争中创立起来并不断发展的。在研究马克思主义政治经济学的过程中，必须要彻底摒弃传统的教条主义，就像习近平总书记批评的那样，不能食洋不化，不能让马克思主义政治经济学边缘化，也不能从马克思主义经典著作中寻章摘句，搞僵化那一套。要真正地从立场、观点、方法上来研究马克思主义政治经济学，创新中国特色社会主义政治经济学。不能把马克思主义政治经济学作为幌子，不断地塞进那些不符合马克思主义政治经济学的所谓学说和观点。在新的历史时期，面对生机勃勃的中国特色社会主义经济建设的丰富实践，发展和创新中国政治经济学，建设具有中国特色、中国风格、中国气派的政治经济学理论和学术话语体系的任务，比任何时候都更加迫切、更加重要。这是在经济领域树立理论自信、道路自信、制度自信的根本保证，也为我们每一个科研工作者提出了重大迫切的现实任务。

　　第五，要坚持马克思主义理论联系实际的学风。2014 年 7 月，习近平总书记在主持召开经济形势专家座谈会时提出，"希望广大专家学者深入实际、深入群众、深入基层，倾听群众呼声，掌握真实情况，广泛调研，潜心研究，不断拿出具有真知灼见的成果，为党中央科学决策建言献策，为推进决策科学化、民主化多作贡献"。中国社会科学院要认真开展贯彻落实习总书记"三个深入"重要讲话的学习活动，真学、真懂、真信、真用马克思主义政治经济学，不断改进学风，从实际出发，完善研究方法，在中国特色社会主义实践中提炼当代中国马克思主义政治经济学研究的素材，坚决摆脱西方经济学错误思潮的影响，努力构建出有中国特色社会主义的马克思主义政治经济学。为推动中国特色社会主义经济建设，为中国特色社会主义伟大事业做出更多更大的贡献。

　　我读博士的时候，老师送给我一句话："师傅领进门，修行在个人。"他要求我先把《资本论》读一遍，再上哲学经典课。我是学哲学的，导师第一件事让我读的却是《资本论》。因为《资本论》不仅是经济学的巨著，而且是一本哲学巨著，是逻辑性最严密的一本哲学著作。我希望同志们，特别是年轻一代学者，今天来参加学习的同志很多人是 60 后、70 后、80 后的，都要补上《资本论》这一课。今天是把大家领进门。同志们要重读《资本论》，重读马克思主义政治经济学。没读过的，更要读。真正把马克思主义政治经济学的经典著作，当作必修课，解决好我们观察经济问题的立场、观点和方法问题。我院所属经济类的研究单位要按照是否符合马克思主义政治经济学的基本原理，是否符合习近平总书记的要求，是否符合中国特色社会主义政治经济学的新境界来组织科学研究。我院经济类期刊应当成为马克思主义政治经济学、中国特色社会主义政治经济学的研究宣传阵地，要多发表这方面的好文章。这次培训班虽然时间很短，但重在实效。希望大家一定要认真学习、深入思考、提高认识、加强研究。我们学者，就是要坚信真理，为真理而斗争。

做坚定的马克思主义理论战士[*]

（2016 年 3 月 22 日）

思想理论写作组读书班是第一次办，也是列入今年党组工作计划的 25 个学习班中的第一个专题培训班。写作组成立一年多来，发挥了很好的战斗作用，按照习总书记的要求，敢于亮剑、敢于发声、态度鲜明，积极参加意识形态领域的斗争，取得了很好的成绩，也得到了中央和中宣部的表扬。党组高度重视、信任、关心、支持、爱护写作组，希望写作组的同志们在坚持马克思主义、发展马克思主义的理论研究中，在意识形态斗争中坚持马克思主义真理，坚信马克思主义真理，为马克思主义真理而斗争。举办这样的学习班，党组也是下决心的，现在院里事情很多，工作很忙，请同志们一定要深刻理解党组对大家的信任之心、感谢之心和重视之心。把大家集中在这里，希望大家认认真真地利用好这三天时间，通过学习，提高认识，掌握武器，指导实践。这次主要是读三本书、听三堂课、掌握马克思主义三大道理。三本书，一本是恩格斯：《卡尔·马克思》，第二是列宁：《卡尔·马克思和恩格斯》，第三是列宁：《弗里德里希·恩格斯》，篇幅都不长，但很通俗，高度浓缩了马克思主义的基本观点，认真读一定会受益良多。三堂课

　　* 本文系作者 2016 年 3 月 22 日在思想理论写作组第一次学习班上的讲话。收入本集时，为避免重复，已作删减。

是辩证唯物主义、历史唯物主义和马克思主义政治经济学,听课有助于读经典,理解并掌握马克思主义道理。三大道理就是辩证唯物主义原理、历史唯物主义原理和马克思主义政治经济学原理。下面谈三个问题:

一　做一个坚定的、战斗的马克思主义理论工作者

什么是坚定的,那就是真学、真懂、真信、真用马克思主义;什么是战斗的,那就是在坚持和发马克思主义的意识形态斗争中敢于发声、敢于亮剑。马克思主义是在斗争中、在批判中、在实践中发展起来的,不是在书本中发展起来的,马克思主义的经典论著都是在与论敌做坚强的理论斗争中,在与当时政府作坚强的政治斗争中撰写出来的。希望同志们要立志一辈子献身于马克思主义,做坚定的、战斗的马克思主义理论工作者。提四点要求:

1. 要姓"党",信"马"。共产党和马克思主义是紧密相连、密不可分的。什么叫共产党?共产党就是无产阶级政党。什么叫马克思主义?马克思主义就是无产阶级必须秉持的世界观方法论。姓"党"必信"马",信"马"必姓"党"。所以,要求大家不信"鬼神"不信"歪斜",只姓"党"只信"马"。满脸"党"气,浑身"马"劲。

2. 要把马克思主义当作信念、当作信仰、当作事业、当作武器。当然,搞马克思主义的也要吃饭过日子。但是绝不能把马克思主义当作吃饭的饭碗、当作谋生的工具、当作升官发财的梯子、当作只照别人不照自己的手电筒。要当作人生的最高的理想信念、当作事业的追求。当作开展斗争的武器。

3. 要甘心当一辈子马克思主义笔杆子。在我个人的成长道路

上，我刚进入中央党校学习时，一位老领导讲过这样的话，我至今记忆犹新。他说，"毛泽东同志在延安培养了一批马克思主义笔杆子，为我们党的马克思主义理论建设做出了重要贡献。如胡乔木、田家英、邓力群等。在新的历史条件下，我们党也要培养一批马克思主义秀才。这正如毛泽东同志所讲，干革命要靠两支军队，一支是拿枪的军队，一支是拿笔杆子的军队，离开这两支队伍中的任何一支都不可能战胜敌人。你们要甘心当一辈子马克思主义的笔杆子"。当我们毕业时，他又勉励我们"不要急于当笔杆子，先到实际工作岗位上去锻炼，再回到笔杆子岗位上，成为真正的马克思主义秀才"。他强调："没有马克思主义学说，就没有我们的今天。无论过去、现在和将来，我们都要向马克思主义请教，认真学习经典著作，从中汲取智慧和力量。"

4. 要树立为人民做学问的理念。为什么人的问题，就是马克思主义立场问题，这是一个根本问题。坚持马克思主义立场，就要站在人民的立场上，要对人民怀有深厚感情，要一切从人民的利益出发，为人民服务。写作组的同志必须明确，我们是为了人民而做学问，依靠人民做学问，做学问是服务于人民群众的。

以上就是我代表党组对如何做一名坚定的、战斗的马克思主义理论工作者提出的四点要求。当一个马克思主义理论工作者是神圣的、光荣的，是党和人民的信任和重托。

二 认真学习马克思主义经典著作

这次组织大家读书只是开个头，真正要养成读马克思主义著作的好习惯需要在实践工作中、在理论工作中坚持。希望同志们认真学习、深入思考、提高水平，投入斗争。要做到五个认真：

一是认真读书。毛泽东同志一直主张，领导干部要读一些马克思主义的经典著作，否则就会上当受骗，误导实践。为了指导中国实践，中国共产党人历来注重马克思经典著作的学习。譬如，对《资本论》的学习和研究。毛泽东同志至少读过五次《资本论》。第一次是1920年通过《马格斯资本论入门》接触了《资本论》；第二次是在1932年4月得到并至少是"泛读"过《资本论》；第三次，1938年阅读两个版本的《资本论》中文全译本；第四次，1954年，读过另一版《资本论》；第五次，从1968年一直到逝世，阅读了由人民出版社于1968年出版的16开大字本的《资本论》。

二是认真听课。这次安排的三堂课，请的老师都是该领域理论功底深厚，具有深入浅出、旁征博引的教学风格的老师，大家一定要珍惜机会，认真听讲。

三是认真讨论。切磋琢磨、砥砺求精是求学上进的重要方式。课堂上与老师讨论，做到"教学相长"固然好，学员之间的讨论也很重要，大家平时聚得少，能趁这个机会交流写作经验、分享学习心得、碰撞激荡思想，做到"学学相长"，也算学有所值！

四是认真笔记。古往今来，真正"一目十行，过目不忘"的人只怕是一种说法而已。毛泽东一生博览群书，经常笔不离手，留下了许多珍贵的笔记和批注。对于做学问的人来说，日积月累做笔记是难能可贵的。

五是认真计划。学习马克思主义经典著作也要认真计划一段时间读什么书，要计划好，严格按计划执行。不要总以没有时间为借口而一再耽误读书。要像毛泽东那样挤时间，哪怕是分分秒秒，也要挤出时间看书学习。要认真计划读经典，也要认真计划写作。

六是认真守纪。严格请假制度，总共才三天的学习时间，希望大家要善始善终，坚持到底。

读经典是很难的，毛泽东在《反对党八股》一文中说，"有人要说《资本论》不是很长的吗？那又怎么办？这是好办的，看下去就是了"。① 读经典就要硬着头皮往下看，不要浅尝辄止。宋代大文豪欧阳修在推行新法时，撰写文章针砭宋初以来靡丽、险怪的文风。他在文中借用了钱思公"余生平所作文章，多在'三上'，乃'马上'、'枕上'、'厕上'"这个戏语，以教导后进们需要学习钱思公惜时如金、刻苦攻读的精神，才能学有所成，学有收获。我们要遵循毛泽东同志的教导，拿出宋代大文豪欧阳修提倡的"三上文章"精神，刻苦研读马列经典。

一句话，希望大家静下心来读经典著作！

---

① 《毛泽东选集》第 3 卷，人民出版社 1991 年版，第 834 页。

当自觉接受马克思主义指导的学问家[*]

——纪念任继愈先生诞辰一百周年

（2016 年 4 月 15 日）

今年是任继愈先生诞辰一百周年，纪念任先生百年诞辰有深刻的意义。任先生是我国著名的哲学家、宗教学家、历史学家、图书馆学家和教育家，是我国著名的哲学社会科学学者。纪念任先生百年诞辰，最根本的是学习他坚持以马克思主义指导哲学社会科学研究，对中国的哲学社会科学事业的发展、对中国哲学史、宗教学、图书馆学等学科的发展都做出了卓有成效的贡献。

一 世界宗教研究所和马克思主义宗教学的创建者

1959 年毛泽东主席曾经接见任继愈先生，就中国哲学、宗教学等方面的问题与任先生有过一次谈话，这次谈话可以说对中国哲学、宗教学研究具有深远影响。任继愈先生曾经根据这次谈话写过回忆文章，但对谈话内容的叙述并不详细①。近日任重、任远整理了这次谈话的记录，将毛泽东主席接见任继愈先生的谈话主要分为

---

　* 本文系作者在纪念任继愈先生一百周年座谈会上的讲话。原载《世界宗教文化》2016 年第 2 期。
　①　参见任继愈《忆毛主席谈古为今用》，《文汇报》1978 年 12 月 20 日。

四个部分：关于研究中国哲学史；关于哲学问题；关于逻辑学方面的问题；关于百家争鸣和学术批判问题。① 毛泽东同志在谈话中高度肯定了任先生在宗教学研究尤其是佛教史研究方面的贡献，他说"你写的全部文章我都看过了"，"你写的佛教禅宗的文章我也看了。对于禅宗，我没有什么特别的看法，我完全同意你的意见。禅宗是主观唯心主义，完全抹杀它，是不行的"。毛泽东主席说任继愈先生"首创运用马克思主义研究宗教学"，这是毛主席对他开辟的哲学史、宗教学研究的新途径进行的肯定。

1963 年 12 月，毛泽东在一个文件上写了一个批语："对世界三大宗教（耶稣教、回教、佛教），至今影响着广大人口，我们却没有知识，国内没有一个由马克思主义者领导的研究机构，没有一本可看的这方面的刊物。用历史唯物主义的观点写的文章也很少，例如任继愈发表的几篇谈佛学的文章，已如凤毛麟角，谈耶稣教、回教的没有见过。不批判神学就不能写好哲学史，也不能写好文学史或世界史。"② 这段话中对任继愈先生的佛学研究进行了高度肯定。1964 年 8 月，毛泽东同志在北戴河的一次谈话中，再次谈到了任继愈和佛学，再次提到很欣赏任继愈先生关于佛学研究的文章。

在此之后根据毛主席的批示成立了中国科学院哲学社会科学部（简称"学部"）世界宗教研究所，任继愈先生是第一任所长。从筹建到 1966 年 5 月"文革"开始，主要是做聚集和培养人才、系统了解和掌握宗教动态几项工作，在马克思主义指导下做开创性的理论研究。研究所下设佛教、基督教和伊斯兰教三个研究室，首先进行了各国宗教概况的调查，并且出版了自己的期刊《世界宗教动态》。这是中国第一个研究世界宗教的学术机构，1978 年世界宗教

---

① 《一份谈话记录和半个世纪的演绎》，《中华读书报》2016 年 4 月 6 日。
② 《毛泽东文集》第 8 卷，人民出版社 1996 年版，第 353 页。

研究所归属当时成立的中国社会科学院。

任先生从担任世界宗教研究所所长，至 1987 年担任国家图书馆馆长，并兼任世界宗教所名誉所长，前后一共 45 年。可以说，中国社会科学院世界宗教研究所的发展离不开任先生。任先生是世界宗教研究所的奠基人，也是马克思主义宗教学的创建人。

二 坚持马克思主义立场观点方法指导学术研究

任先生一生的学术经历和贡献可以从以下四个方面高度概括。

第一，以马克思主义的立场、观点、方法指导中国哲学史研究。任先生是中国著名的中国哲学史家，他自觉地以马克思主义为武器指导中国哲学史研究，做出了卓越的贡献。20 世纪 60 年代任先生主编了至今影响很大的四卷本教科书《中国哲学史》，近年来仍然在出版，并且是很多高校和科研院所研究生的必读书目。"文革"中期，任先生接到任务，要求集中几个人编一本新的《中国哲学史》。在当时的政治重压下，任先生带领几位科研人员编写了《中国哲学史简编》（1973 年 10 月编完），出于知识分子的良知，该书尽力做到了尊重史实。尽管这几部教科书受到广泛的欢迎，但是任先生自己却对这几部书有不满意之处，于是在 20 世纪 80 年代主编了《中国哲学发展史》。《中国哲学发展史》是一部优秀的哲学史著作，自出版后，学术界评价良好，是一部经得起考验的作品。

任先生曾在北京大学获硕士学位，后在北大执教。我曾是北大哲学系的学生。任先生的《中国哲学史》是北大学生学习中国哲学史的基本教科书。我作为学生，至少读了六遍这本书。我对于中国哲学史的入门学习就是依靠任先生的书来进行的。任先生在中国哲学史研究方面走出了一条以马克思主义思想观点来梳理中国哲学史的研究道路。我记得任先生有一句话：不关注人、不关注社会问题的学问是假学问。任先生在中国哲学史的研究上实践了他的治学观点。

第二，奠定了马克思主义宗教学的基础。任先生创立了马克思主义宗教学。他的观点是，国家要研究宗教，是继承发扬中华传统文化、促进民族团结、参与国际交流和构建新的社会共识、促进社会各方面发展的大事；信徒可以研究宗教，但承担不起此重任。研究宗教讲无神论，避免先入为主、人为造成局限，使研究丧失科学性。学者和信徒的研究，如果要比喻一下，那就是：人站在神像前，能看到神像雕塑整体的完美，跪在神像前，只能看到神像脚的一个部分。因此，他认为只有以历史唯物主义观点来研究宗教，才能做到比较科学，既不走样，也不迷信，既不完全肯定宗教，也不会轻率地对之加以否定。我觉得这是他研究世界宗教，建立马克思主义宗教观中最为核心的理念。任先生虽然是宗教学者，但是他不信教，他提倡无神论。1956年任先生加入中国共产党，从此他一生和我党的理论事业、和新中国哲学社会科学事业密不可分。

任先生是我国著名国学大师汤用彤先生的弟子，他的佛教研究继承了上一代学者的学术传统，同时又有自己的开创性思路。他以马克思主义为指导研究佛教，是对上一代学者学术传统的进一步发展。毛泽东主席在与任先生的谈话中以及在其他场合，曾多次赞扬过任先生所著的佛学研究文章。1962年，任继愈先生将自己1955年至1962年发表的关于佛教研究的7篇论文（其中包括与汤用彤先生合写的一篇）结集出版，题为《汉唐中国佛教思想论集》（生活·读书·新知三联书店，1963年10月出版）。这7篇文章的题目是：《汉唐时期佛教哲学思想在中国的传播和发展》《南朝晋宋间佛教般若、涅槃学说的政治作用》（与汤用彤合著）、《天台宗哲学思想略论》《华严宗哲学思想略论》《禅宗哲学思想略论》《论胡适在禅宗史研究中的谬误》（作为前一篇的附录）、《法相宗哲学思想略论》。这部著作出版以后，得到了国际佛教研究界的高度评价，以此为契机，建立了与国外学术界互相交流的长期机制。

第三，运用马克思主义世界观方法论研究分析中国传统文化。任先生是著名的图书馆学者。其在担任国家图书馆馆长、名誉馆长期间，对中国的图书馆事业做出了重要贡献，特别是在古籍整理，孤本、善本的开发和利用上做出了开拓性的学术研究。

1982 年，任继愈先生在古籍整理规划会上提出，佛教典籍作为千百年流传下来的文化遗产，亟须运用马克思主义世界观方法论通过整理加以保护。后经批准成立了大藏经编辑局。任先生主编的《中华大藏经》，以《赵城金藏》为基础，用其他各种现存的大藏经进行比照，编成《中华大藏经·上编》107 卷，先后有 160 多人参与工作，历时十余年，集中了大量人力物力，这些都离不开任先生的努力。《中华大藏经（汉文部分）》正编，是中华人民共和国成立以后学术界整理佛教文献的重大成果，也是我国学术界在传统文化领域的一项重大研究成果。这套书先后获得全国古籍整理成果一等奖、全国图书奖荣誉奖、中国社会科学院优秀科研成果荣誉奖，被列入国家领导人赠送外国的国礼之一。国际佛学界对《中华大藏经（汉文部分）》也给予了充分肯定。

第四，马克思主义的哲学社会科学教育家。任先生在中国哲学史、宗教学、历史学、图书馆学等领域都有非常高的造诣，他的为人、他的学问、他的书都对我们后辈起到了非常深的教育作用。任继愈先生曾在北京大学哲学系任教，先后开设中国哲学史、宋明理学、华严宗研究、佛教著作选读、隋唐佛教等课程。筹建世界宗教研究所之后，于 1978 年起招收宗教学硕士生、博士生，1985 年起与北大合作培养宗教学本科生，为国家培养了大批宗教学研究人才。我虽然没有接受到任先生的直接指导，但是任先生在马克思主义宗教学领域的研究，在以马克思主义为指导的中国哲学史领域的研究，以及他的学术思想至今都还在影响着我，也影响着学界。他是著名的、广泛受到学者和年轻人拥戴的、自觉接受马克思主义指导的学术大师。

今天我们纪念任继愈先生诞辰一百周年，一方面深切缅怀任先生，另一方面也希望世界宗教研究所能够继续坚持任先生所坚持的正确立场和观点，继续坚持任先生做学问的宗旨，进一步推动马克思主义宗教学研究的发展，同时也进一步推动世界宗教研究所的发展。

自觉运用马克思主义指导研究[*]

（2016 年 4 月 25 日）

我代表党组做动员讲话。谈三个问题。

一　学会用马克思主义立场、观点、方法指导哲学社会科学研究

2015 年在中国社会科学院的发展史上是极为重要的一年，是经受全面从严治党、全面从严治院洗礼的一年。从巡视组反馈情况来看，我院存在许多亟须整改的问题，最主要的就是：党的领导弱化、党的建设缺失、全面从严治党不力、纪检监察偏软，马克思主义在不少学科被边缘化、马克思主义阵地建设堪忧、意识形态问题突出这样两大突出问题。彻底整改这两个问题的根本办法，一是坚持党的领导，加强党的建设，全面从严治党；二是坚持和加强马克思主义在哲学社会科学研究中的指导地位。这就要求我们必须做到姓"党"信"马"。共产党和马克思主义是紧密相连、密不可分的。什么叫共产党？共产党就是无产阶级政党。什么叫马克思主义？马克思主义就是无产阶级政党必须秉持的世界观方法论，是指

　　* 本文系作者在 2016 年所局级主要领导干部学习马克思主义著作读书班上和习近平总书记系列重要讲话精神的讲话。

导共产党全部言行的理论基础。姓"党"必信"马"，信"马"必姓"党"。姓"党"信"马"，这是对我们每个党员领导干部最基本的要求。

习近平总书记指出，全面依法治国，必须抓住领导干部这个"关键少数"。解决我院巡视过程中暴露出来的突出问题，解决姓"党"信"马"的问题，同样必须抓住我院所局级主要领导干部这个"关键少数"。抓住这个"关键少数"，最根本的一条就是抓住提高马克思主义理论水准和运用马克思主义指导研究能力的问题，这是最关键的环节，解决了它，我院的许多问题就会迎刃而解。

加强我院"关键少数"的马克思主义理论武装，解决好姓不姓"党"、信不信"马"的问题，是加强我院建设的一条根本性的战略举措。为了实施这一战略举措，党组已经连续五年举办所局级领导干部读书班。2011年5月，举办第一期读书班，读《共产党宣言》，学习毛泽东、邓小平、江泽民、胡锦涛等党和国家领导人的重要讲话。2012年5月，举办第二期读书班，读《路德维希·费尔巴哈和德国古典哲学的终结》，学习中央领导的重要讲话。2013年5月，举办第三期读书班，学习习近平总书记系列重要讲话。2014年3月举办第四期读书班，读《资本论》，学习习近平总书记系列重要讲话。2015年3月举办第五期读书班，读《国家与革命》《论人民民主专政》，学习习近平总书记系列重要讲话。这次是第六期读书班了。

党组一贯要求我院领导干部，要提高以马克思主义指导哲学社会科学研究的能力，学会运用马克思主义立场、观点和方法指导哲学社会科学研究。要求我院的"关键少数"，学好、弄懂、坚信、真用马克思主义，要学在前、懂在前、信在前、用在前。如果我院的"关键少数"做到了这一条，我院就会立于不败之地。

"真学、真懂、真信、真用"，四句话好说，但不好做，真正做到不容易。首先是真学。认真刻苦读马列的书，弄懂弄通马克思主义，真正树立马克思主义世界观，掌握马克思主义方法论，学是基础。要像毛泽东同志那样"活到老，学到老，人生八十还生巧"。毛泽东同志一生刻苦研读马列，为我们树立了光辉典范。据考证，毛泽东同志一生五次集中研读《资本论》。毛泽东同志早在1920年通过阅读李汉俊翻译的《马格斯资本论入门》就接触了《资本论》。1932年4月，中央红军打下漳州，毛泽东同志得到并读过《资本论》。毛泽东同志在延安时期阅读了1938年读书出版社印发的郭大力、王亚南翻译的《资本论》中文全译本，阅读了1939年11月解放社出版的由何锡麟翻译的《〈资本论〉提纲》。解放后，1954年，毛泽东同志读过另一套《资本论》。1968年直到逝世，毛泽东同志用了很长时间阅读了由人民出版社于1968年出版的16开大字本《资本论》。

古人说，"学然后知不足"，只有学，才能知道自己理论水平的浅薄。我们在座的许多人不是博士就是研究员、学部委员、知名学者，你在你的那门学问里，可能做得不错，但在马克思主义这个大学问里，要主动找差距。只有"知不足"，才能认真学、深刻学、反复学。在学的基础上，弄懂弄通马克思主义基本道理。只有弄懂弄通马克思主义道理，才能在头脑中牢牢树立马克思主义世界观方法论。学马列，不是要会背诵马克思主义一两个词句，而是要解决好世界观、方法论，解决好立场、观点和方法，解决好联系实际、联系群众，解决好把马克思主义运用到实际科研中去，能分清哪是正确的东西、哪是错误的东西。譬如，哪是必须坚持的四项基本原则，哪是必须批判的资产阶级错误思潮？哪是社会主义市场经济改革方向，哪是资本主义市场经济取向？哪是中国特色社会主义依法治国和依宪治国，哪是资本主义宪政民主？……在真懂的基础上，才能真信、坚信马克思主义。在真懂、真信的基础上，才能做到真用。

这次读书班主要学习近平总书记系列重要讲话，读三篇著作：恩格斯的《卡尔·马克思》和列宁的《卡尔·马克思》《弗里德里希·恩格斯》。这三篇著作通俗易懂，文字不长，但马克思主义基本观点阐述得明明白白，同志们一定要读进去。这次推荐给大家的马克思《〈政治经济学批判〉序言》和《〈政治经济学批判〉导言》，过去已推荐给大家，这次还可以再读一下。听三堂课：辩证唯物主义、历史唯物主义、马克思主义政治经济学。学三大道理：辩证唯物主义原理、历史唯物主义原理、马克思主义政治经济学原理。要结合党中央关于"两学一做"学习教育实际，把习近平总书记系列重要讲话贯穿起来通读。党组希望通过举办读书班来带动"关键少数"对马克思主义，对习近平总书记系列重要讲话的真学、真懂、真信、真用，从而指导我们的实际工作。办班只是带动大家学，"师父领进门，修行在个人"，能不能真学、真用，关键在自己是否自觉坚持学、坚持用，当好全院学、用马克思主义的带头人。

二 学习和掌握马克思主义的两个伟大发现

恩格斯《在马克思墓前的讲话》高度评价了马克思作为最伟大的思想家和革命家对人类思想史和世界工人运动做出的巨大贡献，指出马克思一生对人类思想做出了两个最伟大的贡献：一是发现了人类历史的发展规律，创立了唯物史观；二是发现了剩余价值的秘密，创立了剩余价值理论。①

马克思发现了人类历史的发展规律，创立了历史唯物主义；运用历史唯物主义分析资本主义社会，发现了现代资本主义生产方式和它所产生的资产阶级社会的特殊运动规律，创立了剩余价值学说；指明了资本主义必然灭亡的历史趋势和人类社会发展的共产主义前途，揭示了无产阶级的历史使命，找到了工人阶级这一实现深刻社会变革的主体力量，从而使社会主义从空想变成了科学。马克思的两个伟大发现构筑了马克思主义全部理论的坚实基础。

第一，唯物史观完成了人类思想史上历史观的伟大变革，是工人阶级政党必须掌握的最锐利的思想武器。

唯物史观的发现是马克思对人类思想史一次划时代的伟大贡献。恩格斯把唯物史观看作马克思的"第一个伟大发现"②。列宁认为，"马克思主义的历史唯物主义是科学思想中的最大成果"③。

1. 为什么唯物史观是马克思"第一个伟大发现""科学思想中的最大成果"？

从人类哲学思想史来看，在马克思之前，从古希腊时期的泰勒斯、德谟克利特、赫拉克利特唯物主义，一直到 19 世纪德国古典哲学的费尔巴哈唯物主义，应该说唯物论已经发展到了人类思想的高峰。辩证法在马克思之前，黑格尔唯心主义辩证法已经发展到了人类思想的高峰。黑格尔是辩证法大师，但是他的辩证法是装在唯心主义的框架里的，费尔巴哈唯物主义反而是形而上学的。

在马克思主义第一个伟大发现产生之前，人类始终陷于唯心主

---

① 《马克思恩格斯全集》第 25 卷，人民出版社 2001 年版，第 534 页。

② 恩格斯：《在马克思墓前的讲话》，《马克思恩格斯选集》第 3 卷，人民出版社 1995 年版。

③ 列宁：《马克思主义的三个来源和三个组成部分》，《列宁全集》第 23 卷，人民出版社 1990 年版，第 45 页。

义历史观的思想迷途中而不能自拔，众多思想家对历史规律进行过多方面探索，但对于历史之谜的回答不外乎有两类：一类是唯心主义的回答。这种回答或是把历史发展的最终原因归结为神、天命、独立于人之外的某种精神等的客观唯心主义，或是把历史发展的最终原因归结为人的理性、情感、动机和意识等的主观唯心主义。另一类是旧唯物主义的回答。这种回答由于只是简单地把历史发展的原因归结为某种具体的物质，最终又陷入唯心主义的泥坑。总之，旧的历史观都是唯心史观，它们在考察社会历史时，被社会领域和历史过程的特殊性所迷惑，只是看到了人们从事历史活动的思想动机，而没有进一步探究隐藏在思想动机背后的原因；只是看到了在社会历史领域中起作用的精神动力，而没有发现动力的动力是什么，没有看到隐藏在精神动力背后的物质动因，将精神动力看成社会发展的终极原因，从而在历史观上仍旧陷入唯心主义的泥沼。

综观一切旧历史观，有两个根本缺陷：一是从思想原因而不是从物质经济根源来说明人类历史活动的动因和社会发展的动力，这就是旧历史观的思想动机论。二是只看到少数历史人物的作用，忽视人民群众是真正的历史主人，抹杀了人民群众在历史发展中的决定作用，这就是旧历史观的英雄史观。英雄史观看不到人民群众创造人类历史、推动社会进步的动力作用，将历史发展的根本原因归之于帝王将相、英雄豪杰的个人意志，认为仅是一个好念头可以使国泰民安，一个怪想法可以使国破家亡、生灵涂炭。英雄史观说到底还是唯心主义旧历史观。

唯物史观是特定历史条件的产物，也是人类认识发展的必然结果。资本主义社会化大生产、明晰的阶级分野和经济社会结构为唯物史观的产生创造了必要的客观条件，而唯物史观的创立离不开马克思基于实践的理论创新。为什么马克思的前人一直无法正确回答历史的原因呢？问题出在哪里？解开这个谜，恰恰正是马克思历史观的超人之处、伟大之处。这让我想到著名哲学家罗素1901年提出的"理发师的胡子该由谁来刮"的著名悖论：在某个城镇中只有一位理发师，他打出这样的广告："我只为本城所有不给自己刮脸的人刮脸。"来找他刮脸的人络绎不绝，自然都是那些不给自己刮脸的人。有一天，这位理发师从镜子里看见自己的胡子长了，他本能地抓起了剃刀，你们看他能不能给他自己刮脸呢？如果他不给自己刮脸，他就属于"不给自己刮脸的人"，他就要给自己刮脸；如果他给自己刮脸，他又属于"给自己刮脸的人"，他就不该给自己刮脸。这就是化解不开的悖论。

悖论是指二律背反、互相矛盾、无法解开的难题。实际上，对历史发展原动力的解释在人类思想史的发展进程中，不要说唯心主义者，连唯物主义哲学家也陷入了不可解的悖论之中。比如，法国资产阶级启蒙哲学家孟德斯鸠认为，不同气候的特殊性对各民族生理、心理、气质、宗教信仰、政治制度有决定性作用，提出了"地理环境决定论"，这个结论表面上看是唯物主义的。但他认为，地理环境决定人的理性，人的理性又决定政治、法律制度。孟德斯鸠的地理环境决定论从唯物主义命题出发，又返回到人的理性决定社会存在的唯心主义的老路上了。18世纪法国唯物主义哲学家爱尔维修有句名言："人是环境的产物。"他认为，环境主要体现为政治制度，政治制度是由谁决定的呢？是由人的意见决定的，同样绕了一圈又绕回来了，怎么也绕不开唯心主义结论。

德国人本唯物主义哲学家费尔巴哈冲破了黑格尔的唯心主义，认为是感性的人、肉体的人决定了历史的发展。但是在费尔巴哈眼中，感性的人、肉体的人是没有能动性的，是被动的，不是社会的、实践的人，不是现实社会的活生生的人，而是抽象的人。历史是由谁决定的呢？他认为，是由人所具有的抽象的、永恒的普遍之爱决定的，抽象的"爱"是决定历史发展的动力，这又回到了二律背反的悖论问题上了。用唯心主义来解释历史，显然是错误的，而旧唯物主义者把历史发展原因归结为某种实在的物质肯定也是不行的。而把历史发展原因归结为被动、抽象的人，看上去是唯物的，但实际上又回到抽象的人性、人的理念、人的自我意识等唯心的结论上了。

马克思在《关于费尔巴哈的提纲》中提出了"实践的唯物主义"①，彻底解决了旧历史观的悖论问题。他强调"感性的人的活动"，即实践的作用。人的本质在其现实性上，"是一切社会关系的总和"，"全部社会生活在本质上是实践的"②。马克思在批判费尔巴哈人本唯物主义基础上，形成了科学实践观，找到既是肉体的、物质的，又是能动的、实践的、现实的人，而人的物质生产劳动实践活动是马克思全部发现的核心秘诀，他把人的物质性和能动性全部结合在人的生产劳动实践中，从而，既唯物地又辩证地解开了唯心主义历史观的悖论死结。《提纲》是"包含着新世界观的天才萌芽"的第一个文献，标志着历史唯物主义的起源。

与以往的唯心主义历史观相反，马克思在考察社会历史、寻找社会发展的真实动因时，不是从主观意识、客观精神、上帝、神意或抽象的人性出发，而是从现实的人及其活动出发，从现实的人的物质生活条件出发，从现实的人的生产活动实践及其经济社会关系出发。在马克思看来，"有生命的个人的存在"是全部人类历史的第一个前提。人们为了创造历史，必须能够生活。为了生活，就必须进行物质生活资料的生产。物质生产是人类的第一个历史活动，

---

① 《马克思恩格斯选集》第 1 卷，人民出版社 1972 年版，第 48 页。
② 《马克思恩格斯选集》第 1 卷，人民出版社 2012 年版，第 133—136 页。

是一切历史的基本条件。追求生存发展需要满足的物质生产活动，是人们的一切思想动机背后的最深刻的物质根源；人们所从事的物质资料生产，是社会发展的根本原因。人类社会的经济关系及其派生的政治关系、思想文化关系等一切社会关系都是在物质生产基础上建构起来的，并随着物质生产的发展变化而发展变化；必须从人类生存发展的物质经济基础出发来说明人类社会的发展变化和社会历史现象，而不是相反。

2. 历史唯物主义理论体系的主要观点。

马克思在《〈政治经济学批判〉序言》中对历史唯物主义基本思想作了精辟论述和概括，论证了历史唯物主义的基本范畴和规律，大致勾勒出了历史唯物主义理论体系的基本框架和主要理论观点，如生产观点、阶级观点和群众观点；还有社会存在和社会意识相互关系理论，社会经济形态理论，社会基本矛盾理论，国家、社会革命和无产阶级专政理论，社会意识形态理论，社会利益理论，人和人的自由全面发展理论……学习、掌握历史唯物主义，要贯彻少而精的原则，最重要的是理解和掌握历史唯物主义的基本观点和基本原理，理解和掌握其中所贯彻的科学世界观方法论，并运用到认识社会、改造社会的社会实践中去。

唯物史观最根本的是三大基本观点。

第一个观点是生产的观点。人类的物质生产劳动实践是一切社会存在的前提和基础。在生产劳动实践中，人与自然发生关系构成生产力，人与人发生关系构成生产关系，生产力与生产关系结合成生产方式，生产方式的演变决定社会形态的演变。生产关系的总和构成经济基础，经济基础之上是上层建筑，上层建筑又分为政治的上层建筑和意识形态的上层建筑。生产力与生产关系、经济基础与上层建筑的对立统一关系构成社会基本矛盾，社会基本矛盾运动推动社会历史发展，生产力是社会历史发展的决定性力量。当然，上层建筑相对于经济基础来说，生产关系相对于生产力来说，具有相对独立性，意识形态上层建筑可以反作用于政治上层建筑，从而反作用于经济基础；生产关系可以反作用于生产力。生产关系一定要适应生产力的发展，上层建筑一定要适合经济基础的需要，这是社会历史的基本规律。

第二个观点是阶级的观点。社会基本矛盾在阶级社会表现为阶级差别、阶级矛盾和阶级斗争。原始社会解体以来的全部历史都是阶级斗争的历史，阶级斗争贯穿阶级社会的全部发展过程，推动了阶级社会的发展。

阶级与阶级斗争理论是马克思主义的一个基本观点，然而最早发现阶级和阶级斗争的，既不是马克思，也不是恩格斯。在马克思之前，资产阶级思想家已经发现资本主义社会中有阶级的存在，发现了各阶级之间的斗争。马克思自己就曾说过："无论是发现现代社会中有阶级的存在或发现各阶级间的斗争，都不是我的功劳。在我以前很久，资产阶级的历史学家就已叙述过阶级斗争的历史发展，资产阶级的经济学家也已对各个阶级做过经济上的分析。"① 英国资产阶级古典经济学的重要代表人物亚当·斯密第一次从经济上揭示了资本主义社会的阶级结构和阶级分野。他认为，资本主义社会有三大基本阶级：地主阶级、工人阶级和资产阶级，他们分别以土地地租、劳动工资和资本利润为其经济收入。同样也是英国资产阶级古典经济学家代表人物的大卫·李嘉图揭示并说明了阶级以及阶级之间的经济对立。19世纪法国复辟时期的历史学家基佐、梯也里、米涅等，已经叙述了中世纪以来阶级斗争的历史发展，指出这

---

① 《马克思恩格斯选集》第4卷，人民出版社2012年版，第426页。

是理解中世纪以来法国历史的钥匙，是当时历史发展的动力。19 世纪空想社会主义者也意识到了阶级与阶级斗争，恩格斯认为圣西门"认识到法国革命是贵族、资产阶级和无财产者之间的阶级斗争，这在 1802 年是极为天才的发现"①。但是由于他们都是站在唯心史观的立场上，并未发现资本主义生产方式的内在矛盾，不可能揭示阶级产生、消灭的根源和途径。

在资产阶级思想家已有的思想成果基础上，马克思在给约瑟夫·魏德迈的信中谈道，关于阶级和阶级斗争，"我所加上的新内容就是证明了以下几点：（1）阶级的存在仅仅同生产发展的一定历史阶段相联系；（2）阶级斗争必然导致无产阶级专政；（3）这个专政不过是达到消灭一切阶级和进入无阶级社会的过渡"②。

坚持阶级的观点，就要运用阶级分析方法。既然阶级和阶级斗争是一定历史阶段的客观存在，在研究阶级社会的历史现象时，就不能不使用阶级分析方法。如果不承认马克思主义阶级观点和无产阶级专政学说，就是阉割唯物史观，就不是马克思主义。毛泽东最初接受马克思主义时说道，"我知道人类自有历史以来就有阶级斗争，阶级斗争是社会发展的原动力，初步地得到认识问题的方法论"，"只取了它四个字：'阶级斗争'"③。正是因为我们党抓住了旧中国社会发展的主要矛盾，找到了解决中国当时问题的社会革命的办法，领导了大规模的疾风暴雨似的群众性的阶级斗争，才推翻了三座大山，建立了新中国。但是，在新的社会主义历史条件下，坚持"以阶级斗争为纲"是错误的，不能再犯阶级斗争扩大化的"左"倾严重错误，再犯发动"文革"内乱的严重错误了。因为形

---

① 《马克思恩格斯选集》第 3 卷，人民出版社 1995 年版，第 609 页。
② 《马克思恩格斯选集》第 4 卷，人民出版社 2012 年版，第 426 页。
③ 毛泽东：《关于农村调查》，《毛泽东农村调查文集》，第 21、22 页。

势和社会条件已经发生了变化，在我国，社会主义制度确立之后，阶级斗争已经不是我国社会的主要矛盾，主要矛盾是人民内部矛盾，不能把不属于阶级斗争的问题仍然当作阶级斗争，应该主要用解决人民内部矛盾的办法，用民主和法制的手段来处理社会矛盾，把工作重点转移到经济建设上来。但是不要忘记，阶级斗争还将在一定范围内长期存在。当前对历史虚无主义、普世价值、宪政民主、新自由主义、民主社会主义等错误思潮的批判，从根本上说，如果没有唯物史观作指导，没有阶级分析，是批不透彻的。

讲到这里使我想到 1961 年浙江绍剧《孙悟空三打白骨精》进京。郭沫若观后题诗一首："人妖颠倒是非淆，对敌慈悲对友刁。咒念金箍闻万遍，精逃白骨累三遭。千刀当剐唐僧肉，一拔何亏大圣毛。教育及时堪赞赏，猪犹智慧胜愚曹。"[1] 他认为唐僧认敌为友，是非混淆，连猪八戒都不如。毛泽东同志 1961 年 11 月 17 日挥毫写下《七律·三打白骨精·和郭沫若同志》："一从大地起风雷，便有精生白骨堆。僧是愚氓犹可训，妖为鬼蜮必成灾。金猴奋起千钧棒，玉宇澄清万里埃。今日欢呼孙大圣，只缘妖雾又重来。"[2] 他认为唐僧糊涂，但可以教育。如果不把妖魔消灭掉，就会成灾，幸亏孙悟空火眼金睛识真伪，透过表面现象，认清白骨精的本质，"奋起千钧棒"，"澄清万里埃"。唯物史观的阶级分析方法就是"火眼金睛""千钧棒"，使人们在错综复杂、扑朔迷离的社会现象中，理出一条清晰的线索，分清是非敌我。

2000 年 6 月，江泽民同志就讲过："我们纠正过去一度发生的'以阶级斗争为纲'的错误是完全正确的。但是这不等于阶级斗争已不存在了，只要阶级斗争还在一定范围内存在，我们就不能丢弃

---

① 郭沫若：《七律·看〈孙悟空三打白骨精〉》。
② 毛泽东：《七律·三打白骨精·和郭沫若同志》。

马克思主义的阶级和阶级分析的观点和方法。这种观点与方法始终是我们观察社会主义与各种敌对势力斗争的复杂政治现象的一把钥匙。"① 习近平总书记2014年2月17日指出，观察问题"必须坚持马克思主义政治立场。马克思主义政治立场，首先是阶级立场，进行阶级分析。有人说这已经落后于时代了，这种观点是不对的。我们说阶级斗争已经不再是我国社会主要矛盾，并不是说阶级斗争在一定范围内不存在了，在国际大范围中也不存在了。改革开放以来，我们党在这个问题上的认识一直是明确的。"②《党章》《宪法》和《关于建国以来党的若干历史问题的决议》都明确并强调了这个观点。

第三个观点是群众观点。只有人民才是历史发展的真正动力。人民群众是历史的创造者，是物质财富和精神财富的创造者，是社会变革的决定力量。一切为了群众，一切依靠群众，从群众中来，到群众中去，密切联系群众，是我们党的根本路线。

历史唯物主义的创立，是人类思想史上的一场伟大革命，它将唯心主义从社会历史领域中彻底清除出去，从而彻底地解决了历史观领域唯心主义占统治地位的状况，实现了自然观上的唯物主义与历史观上的唯物主义的统一，使马克思主义哲学成为彻底的和完备的唯物主义学说。

习近平总书记指出，在革命、建设、改革的各个历史时期，我们党运用历史唯物主义，系统、具体、历史地分析中国社会发展的规律，在认识世界和改造世界过程中不断把握规律、积极运用规律，推动党和人民事业取得了一个又一个胜利。历史和现实都表

---

① 江泽民：《论有中国特色社会主义（专题摘编）》，中央文献出版社2002年版，第34页。
② 参见习近平2014年2月17日在省部级主要领导干部学习贯彻十八届三中全会精神全面深化改革专题研讨班开班式上的讲话。

明，只有坚持历史唯物主义，我们才能不断把对中国特色社会主义规律的认识提高到新的水平，不断开辟当代中国马克思主义发展新境界。

第二，马克思主义政治经济学是经过时间和实践检验的真理，是指导无产阶级政党全部事业的理论指南。

剩余价值理论是马克思又一个伟大发现，奠定了马克思主义政治经济学的基石。习近平总书记强调，"马克思主义政治经济学是马克思主义的重要组成部分，也是我们坚持和发展马克思主义的必修课"，"现在各种经济学理论五花八门，但我们政治经济学的根本只能是马克思主义政治经济学，而不能是别的什么经济理论"，"在我们的政治经济学教学中，不能食洋不化，还是要讲马克思主义政治经济学。当代中国特色马克思主义政治经济学要大讲特讲，不能被边缘化"。

1. 为什么必须坚持和发展马克思主义政治经济学？

首先，马克思主义政治经济学贯穿的立场、观点、方法是我们观察问题和解决问题的最锐利的思想武器。

读《资本论》、学习马克思主义政治经济学，最根本的是要掌握其中一以贯之的立场、观点和方法，这是我们必须掌握的思想武器。毛泽东同志在1941年发表的《改造我们的学习》一文中指出，学习马克思主义，正确的态度是从马克思主义中找立场、找观点、找方法，学会运用马克思主义的立场观点方法分析具体问题，从中找出规律，上升到理论，以指导我们的实践。

马克思主义政治经济学：一是提供了认识问题的基本立场。马克思主义政治经济学"经济"前边有"政治"两个字，现在许多人讲经济学不讲政治。政治是什么？在阶级社会，首先就是阶级立场。站在什么人的立场上，为什么人说话，这就是立场问题。立场问题非常重要，立场错了，出发点就错了。马克思站在工人阶级的立场上来看待资本主义经济现象。工人阶级就阶级性来讲，是消灭剥削制度和阶级差别的最后一个阶级，是最大公无私的、代表先进生产力的先进阶级，只有站在工人阶级立场上才能秉持正确的世界观方法论。习总书记强调，要坚持以人民为中心的发展思想，部署经济工作、制定经济政策、推动经济发展都要牢牢坚持以人民为中心这个根本立场。马克思 17 岁时在作文《青年在选择职业时的考虑》中写道："如果我们选择了最能为人类福利而劳动的职业，那么，重担就不能把我们压倒，因为这是为大家而献身；那时我们所感到的就不是可怜的、有限的、自私的乐趣，我们的幸福将属于千百万人，我们的事业将默默地、但是永恒发挥作用地存在下去，面对我们的骨灰，高尚的人们将洒下热泪。"① 马克思在还不是马克思主义者时，就已经把为了"千百万人"的幸福作为选择职业的立场取向。马克思写作的《资本论》是站在工人阶级的立场上的。恩格斯写作的《英国工人阶级状况》，也是站在工人阶级的立场上的。今天，我们搞研究、写文章就要站在人民的立场上，而不是少数人的立场上。

二是提供了认识经济社会发展规律的基本观点。劳动价值论和剩余价值论是马克思主义政治经济学的两个根本观点。现在有人讲马克思主义政治经济学，把这两个观点剔除掉了，这就把马克思主义政治经济学变了味、变了性。在马克思之前，英国古典经济学家配第、亚当·斯密和大卫·李嘉图提出了劳动价值论，他们认为劳动是价值的源泉，但是他们的劳动价值论是有缺陷的，他们不知道在商品生产中，劳动具有抽象劳动和具体劳动、

---

① 《马克思恩格斯选集》第 1 卷，人民出版社 1995 年版，第 273 页。

活劳动和死劳动、私人劳动和社会劳动的两重性，不懂得劳动和劳动力这两者是有区别的，他们不可能得出剩余价值理论。马克思的劳动价值论是贯彻到底的劳动价值一元论。他告诉我们，劳动过程中的活劳动与生产资料相结合才产生新的价值，即增值，而物化的劳动，即生产资料，其本身并不产生新的价值。当时的庸俗经济学家提出"生产费用决定论"和"边际效益决定论"，认为一切参与到劳动过程的生产要素都产生新的价值，马克思批判了这种观点。

马克思认为，劳动是一个过程，劳动和劳动力是有区别的，在资本主义市场经济中劳动力成为商品，资本家在市场购买了工人的劳动力，而付给工人的工资则是劳动力本身的价值，但是工人在劳动过程中付出的活劳动才会产生新的价值，这与劳动力价值的差额就是剩余价值，被资本家无偿占有了。现在有人又提出，所有参与到劳动过程的要素都产生新的价值，这又回到了马克思批评的庸俗经济学的老调上了。在现实条件下，其他生产要素可以参与剩余价值的分配，但是本身不创造剩余价值。劳动价值论和剩余价值论是密不可分的马克思主义政治经济学的基本原理，有了劳动价值一元论，才有了剩余价值论，也正因为有了剩余价值论，马克思才发现了资本的秘密，才揭示了资本主义不可避免的内在矛盾和经济危机。资本主义发展迄今为止的实践和时间完全证明了马克思主义政治经济学的论断是完全正确的。

三是提供了认识问题、分析问题、解决问题的科学方法。毛泽东同志认为，正确的哲学思维是经济学家写出好的经济学论著的必要条件。他说："没有哲学家头脑的作家，要写出好的经济学来是不可能的。马克思能够写出《资本论》，列宁能够写出《帝国主义论》，因为他们同时是哲学家，有哲学家的头脑，有辩证法这个武器。"① 正因为马克思有了唯物论、辩证法的世界观和方法论，才创造了科学的论著。马克思主义政治经济学所贯彻的哲学思维方法是我们必须掌握的。

一是从基本的经济事实出发来分析社会问题的唯物论方法。马克思写作《资本论》，主要依靠大量的数据，从资本主义最基本的细胞——商品开始，从最基本的经济事实出发，收集大量材料，经过深入研究而得出了科学的结论。毛泽东同志说，"没有伦敦博物馆，马克思写不出《资本论》"②。二是从具体到抽象，再从抽象到具体的综合分析方法。马克思从最具体最常见的资本主义经济细胞——商品分析入手，上升到对资本主义一般规律的抽象概括。从感性的具体上升到理性的抽象；再运用理性的抽象分析具体的现实，透过现象抓住本质，从而揭示事物的一般规律，这既是人类认识运动的一般规律，也正是马克思对资本主义发展规律和必然灭亡趋势的科学分析方法。三是矛盾分析方法。马克思用矛盾分析方法贯穿对资本主义的分析。他认为，商品二重性的矛盾是由劳动二重性的矛盾决定的，商品二重性的矛盾又是资本主义内在矛盾的萌芽。矛盾分析方法彻底揭示了资本主义不可克服的内在矛盾。四是阶级分析方法。马克思正是通过揭露剩余价值秘密揭示无产阶级和资产阶级两大阶级对抗的经济根源。他认为，正是资本主义社会基本矛盾引发了工人阶级反抗资本主义的阶级斗争，从而导致社会主义和共产主义社会的最后实现。阶级分析法是马克思主义的基本分析方法。没有阶级分析法，就没有马克思主义的历史观。

其次，时代根本性质没有变，作为时代精神的马克思主义政治

---

① 中华人民共和国国史学会：《毛泽东读社会主义政治经济学批注和谈话》，1998 年 1 月印，第 308 页。

② 《毛泽东文集》第 8 卷，人民出版社 1999 年版，第 256 页。

经济学的一般原理依然适用。马克思主义政治经济学的真理性是颠扑不破的，其深刻性是难以超越的。马克思主义政治经济学的魅力和影响在当代有增无减。法国哲学家萨特曾说过，"在十七世纪后和二十世纪之间，我看有三个时代可以称为著名的时代：笛卡尔和洛克的时代，康德和黑格尔的时代以及马克思的时代。这三种哲学依次成为任何特定思想的土壤和任何文化的前景，只要它们表达的历史时代未被超越，他们就不会被超越"。萨特的话同样适用于马克思主义政治经济学。

习近平总书记指出，"有人说，马克思主义政治经济学过时了，《资本论》过时了，这个说法是武断的。"① 就从 2008 年引发的国际金融危机来看，许多资本主义国家经济持续低迷、失业问题严重、两极分化加剧、社会矛盾加深。事实说明，马克思主义政治经济学所揭示的资本主义社会基本矛盾，即资本主义固有的生产社会化和生产资料私人占有之间的矛盾依然存在，只不过表现形式、存在特点有所不同；所揭示的资本主义运行的客观规律及其灭亡的必然趋势仍然是不以人的意志为转移的客观事实，大的趋势和总的逻辑没有改变，只不过出现了许多新变化、新情况；所揭示的价值规律、市场经济的运行规律和一般特点仍然存在，并没有根本改变，只不过是出现了许多新内容、新特点……总之，当今世界形势发生了根本变化，出现了过去马克思主义经典作家所没有遇到过的新问题，世界已经发生阶段性的变化，看不到这个重大变化就不是马克思主义者。但当今的时代主题、时代特点虽然发生了阶段性变化，但时代性质并没有根本改变，马克思主义政治经济学作为时代本质的概括和反映，仍然闪烁真理的光辉。

---

① 习近平：《在哲学社会科学工作座谈会上的讲话》，2016 年 5 月 17 日。

《共产党宣言》指出："我们的时代"，即"资产阶级时代"①，这说明世界历史的时代本质就是资本主义社会形态占据主导地位。1879—1882 年，晚年马克思成功地运用唯物史观，把研究重心和注意力转向俄国乃至东方社会，其中形成了著名的世界历史理论。马克思主义唯物史观以及世界历史理论揭示了人类社会历史依次由原始社会到奴隶社会、封建社会、资本主义社会，最终经由社会主义社会发展到共产主义社会的演变规律，指明了自从资本主义代替封建主义以来，人类历史即进入了一个新时代，这就是马克思所揭示的资本主义的世界历史时代。

"资产阶级在历史上曾经起过非常革命的作用"②，资本主义社会，在一开始是进步的，取代了封建社会，带来了生产力和人类社会的巨大发展。"资产阶级在它的不到一百年的阶级统治中所创造的生产力，比过去一切时代所创造的全部生产力还要多、还要大。"③ 资本主义生产社会化发展，带动了市场化，打通了全世界，使全世界连成一片，打破了国与国、地区与地区、民族与民族之间的隔绝与孤立。"资产阶级，由于开拓了世界市场，使一切国家的生产和消费都成为世界性的了。"④ 资本主义发展使人类历史成为世界历史，这就是"世界性"，今天称为"全球化"。"世界性"也好，"全球化"也好，是一把双刃剑，一方面推动了世界的进步与发展，特别是从最近几十年的情况来看，资本主义全球化推动了世界经济发展；另一方面，资本主义内在矛盾又是不可克服的，资本主义越来越走向它的反面，给人类带来了巨大的战争、流血和苦难，从历史上发生的"一战""二战"，直到今天，仍战乱不已，

①　《马克思恩格斯选集》第 1 卷，人民出版社 1995 年版，第 273 页。
②　同上书，第 274 页。
③　同上书，第 277 页。
④　同上书，第 276 页。

两极分化严重，穷的越穷，富的越富，资本主义通过全球化，不断地掠夺全世界。马克思主义政治经济学的科学论证告诉我们，在资本主义发展的同时，造就了它的对立面和掘墓人，即社会主义新的因素和工人阶级，资本主义不可避免地走向它的反面，资本主义的世界历史进程充满了社会主义与资本主义的博弈。

马克思所判断的资本主义世界历史进程至今已历经三个阶段，即马克思主义产生时的自由竞争资本主义阶段，该阶段一方面是资产阶级财富的积累，另一方面是工人阶级贫困的积累，两极分化和工人阶级社会主义运动兴起，是该阶段的主题；列宁所判定的垄断资本主义阶段，该阶段的主题是战争与革命，资本主义社会基本矛盾激化引起世界性战争，战争又引起一系列社会主义革命，如十月革命、中国等东方国家的革命；邓小平所判定的美苏两个超级大国冷战结束后的和平与发展为两大世界性问题的新阶段。

时代阶段性主题的转化，虽然没有改变马克思主义经典作家所揭示的总的时代性质，社会主义必然代替资本主义的历史总趋势依然不可逆转，资本主义内在矛盾依然不可调和，但时代主题的阶段性转换却为中国特色社会主义和平发展提供了战略机遇。

再有，马克思主义政治经济学所揭示的关于市场经济一般原理对社会主义市场经济具有指导作用。现在我们正在搞社会主义市场经济，市场经济所具有的一般特性和规律，我们都碰到了。马克思主义政治经济学关于市场经济一般规律的概括，具有指导意义，仍然管用。

在社会主义条件下，要不要搞市场经济，能不能搞市场经济，这是一个重大的理论和现实问题。马克思原来设想社会主义社会实行全社会公有制，搞计划经济，不搞市场经济，没有商品、货币，实行直接的按劳分配。然而，该设想是马克思依据在生产力和市场经济高度发达的资本主义社会条件下，无产阶级革命成功后向更高社会形态过渡的共产主义第一阶段，即社会主义社会的理论分析而形成的，其理论逻辑是，既然其前提条件是生产力和市场经济已经高度发达了，那么就可以不再搞市场经济了，直接过渡到计划经济。同时马克思还论证了人类社会是一个自然历史过程，市场经济是这个自然历史过程的必经阶段。而现实中的社会主义是在落后国家建立的，对于这样的国家，市场经济依然是一个必经的自然过程，不可逾越，但社会主义市场经济与资本主义市场经济有着根本性的区别。马克思主义经典作家关于市场经济一般规律的理论，关于人类社会是一个自然历史过程的论断，为落后国家建设社会主义应该搞市场经济留下了创造性的空间。

在相当长的时间里，人们或者把市场经济同资本主义私有制画等号，认为市场经济是资本主义的专有属性；或者把计划经济同社会主义公有制画等号，认为社会主义只能搞计划经济，不能搞市场经济。列宁在领导第一个社会主义国家实践时，一开始也准备只搞计划经济。经过一段实践，列宁开始重新思考，探索在落后的苏联建设社会主义的正确道路。列宁认为，活跃商业就是千百万小农与大工业之间唯一可能的经济联系。[①] 列宁对商业的新认识，是适应和促进俄国商品经济发展和国内市场形成的一个重大发现。他提出新经济政策思想，要搞商品经济，允许商品、货币、自由贸易和私有经济，搞国家资本主义，引进外资，这就是列宁运用马克思主义政治经济学市场经济理论，对在落后的苏联搞什么样的社会主义、怎样搞社会主义的初步设想。

斯大林在主持苏联社会主义建设方面，虽然最终形成僵化的计

---

① 参见《列宁选集》第 4 卷，人民出版社 1995 年版，第 614 页。

划经济体制，严重束缚了苏联社会主义生产力的发展，但他也没有完全照搬社会主义不能搞商品经济的原有结论，而是在一定范围内肯定了商品经济和价值规律，这体现在斯大林的《苏联社会主义的经济问题》一书中。他第一次论证了社会主义条件下商品生产、商品交换和价值规律的客观必然性。他认为，由于社会主义公有制存在全民所有制和集体所有制，所以存在社会主义的商品生产。社会主义商品生产与资本主义商品生产是根本不同的，不能把二者混为一谈。在社会主义制度下，价值规律是为社会主义经济服务的。价值规律是很好的实践的学校，利用价值规律的作用对社会主义经济有着重要意义。

毛泽东同志运用马克思主义政治经济学原理，结合苏联 42 年、新中国 10 年建设经验教训，早在 20 世纪 50 年代就曾对传统计划经济提出质疑，提出了要发展社会主义商品生产，形成了关于社会主义商品经济的理论创新认识，为我们党在改革开放新时期形成社会主义市场经济理论做了重要准备。他认为，我国是一个商品很不发达的国家，要发展商品生产。批评将商品生产与资本主义混为一谈的错误观点。"不能孤立地看商品生产，要看它是同什么经济制度相联系，同资本主义制度相联系就是资本主义商品生产，同社会主义制度相联系就是社会主义商品生产。"[1] "现在要利用商品生产、商品交换和价值法则，作为有用的工具，为社会主义服务。"价值法则"是一个伟大的学校"。[2] 对干部要进行教育，使他们懂得价值规律、等价交换，违反就要碰得头破血流。

改革开放以来，中国共产党人继承了列宁、斯大林、毛泽东关于发展社会主义商品经济的独特思想，深刻认识到市场经济既可以

---

① 《毛泽东文集》第 7 卷，人民出版社 1999 年版，第 439 页。
② 同上书，第 435 页。

同私有制相联系，也可以同公有制相联系，既可以搞资本主义市场经济，也可以搞社会主义市场经济，应该把社会主义制度与市场经济结合在一起。1979 年 11 月 26 日，邓小平同志就说过："说市场经济只存在于资本主义社会，只有资本主义的市场经济，这肯定是不正确的……社会主义也可以搞市场经济。"① 1992 年，邓小平同志再次提道："计划多一点还是市场多一点，不是社会主义与资本主义的本质区别。计划经济不等于社会主义，资本主义也有计划；市场经济不等于资本主义，社会主义也有市场。计划和市场都是经济手段……"② 从 1977 年 11 月邓小平同志首次提出"社会主义的市场经济"这个概念，到 1992 年党的十四大正式宣布我国经济体制改革的目标是建立社会主义市场经济体制，要使市场在社会主义国家宏观调控下对资源配置起基础性作用，再到党的十八届三中全会明确提出使市场在资源配置中起决定性作用和更好发挥政府作用，表明我们党对市场经济作用的认识不断深化，对市场规律的认识和驾驭能力不断提高，表明我们党已经找到了充分发挥社会主义制度优越性的适当有效的体制——社会主义市场经济体制，找到了中国特色社会主义的正确发展道路。

2. 立足我国国情和我国发展实践，构建当代中国的马克思主义政治经济学。

坚持马克思主义政治经济学的基本原则，构建中国特色社会主义政治经济学，这是一项摆在中国共产党人面前的迫切的政治任务。

毛泽东同志高度重视对马克思主义政治经济学的学习、研究和运用，重视其指导作用。毛泽东同志在探索社会主义建设道路过程

① 《邓小平文选》第 2 卷，人民出版社 1994 年版，第 236 页。
② 《邓小平文选》第 3 卷，人民出版社 1993 年版，第 373 页。

中强调，为了推进中国社会主义经济建设，既要坚持马克思主义政治经济学的基本原理，又要立足中国国情，总结中国经验，不断推进马克思主义理论创新，产生自己的理论家，创造自己的经济学理论，形成具有中国自己特色的政治经济学理论。"马克思这些老祖宗的书，必须读，他们的基本原理必须遵守，这是第一。但是，任何国家的共产党，任何国家的理论界，都要创造新的理论，写出新的著作，产生自己的理论家，来为当前的政治服务，单靠老祖宗是不行的。"①

毛泽东同志本人在社会主义政治经济学理论方面做出了重要的理论创新。他在大量调查研究的基础上，于 1956 年 4 月 25 日在中央政治局扩大会议上做了《论十大关系》的报告，全面分析了我国经济建设各种关系，提出解决的总思路。这是从理论上探索适合中国国情的社会主义经济建设和发展道路的理论最初尝试，也是建设中国特色社会主义的第一本经济学著作。1958 年以来，毛泽东同志认真研究和深入思考苏联社会主义经济和中国社会主义经济问题，对中国的社会主义政治经济学进行集中的论述，这些思想集中体现在他 1958 年《读斯大林〈苏联社会主义经济问题〉批注》《读斯大林〈苏联社会主义经济问题〉谈话》和 1959—1960 年《读苏联〈政治经济学教科书〉的谈话》中，为建立适合中国国情的社会主义政治经济学留下了十分丰富而又珍贵的思想财富和理论遗产。

十一届三中全会以来，我们党把马克思主义政治经济学基本原理同改革开放新的实践结合起来，不断丰富和发展马克思主义政治经济学，形成了当代中国马克思主义政治经济学的许多重要理论成果。在 1984 年 10 月《中共中央关于经济体制改革的决定》通过

---

① 《毛泽东文集》第 8 卷，人民出版社 1999 年版，第 109 页。

后，邓小平同志评价说：“写出了一个政治经济学的初稿，是马克思主义基本原理和中国社会主义实践相结合的政治经济学。”①

十八大以来，习近平总书记在一系列重大社会主义经济问题上，提出了很多新思想、新观点，发展了当代中国马克思主义政治经济学，开拓了马克思主义政治经济学的新境界。他把坚持以人民为中心的发展思想、坚持新的发展理念、坚持和完善社会主义基本经济制度、坚持和完善社会主义分配制度、坚持社会主义市场经济改革方向、坚持对外开放基本国策，作为中国特色社会主义政治经济学的重大原则：譬如，他坚持以人民为中心的发展思想，丰富了最大限度地满足人民群众的物质文化需求是社会主义生产的目的的马克思主义政治经济学的基本观点；科学分析国内外经济发展形势、准确把握我国基本国情的基础，针对我国经济发展的阶段性特征，做出了我国经济发展进入新常态的重要判断；坚持马克思主义政治经济学的指导地位，提出了发展中国特色社会主义政治经济学的重大任务；坚持和完善社会主义基本经济制度，强调了毫不动摇巩固和发展公有制经济，毫不动摇鼓励、支持、引导非公有制经济发展；坚持和完善社会主义基本分配制度，形成了努力推动居民增长收入和经济增长同步、劳动报偿提高和劳动生产率同步提高的重要思想；他还提出了关于创新、协调、绿色、开放、共享五大新发展理念，关于促进社会公平正义、逐步实现全体人民共同富裕，关于推动新型工业化、城镇化、农业现代化相互协调，走中国特色新型“四化”道路，关于市场在资源配置中起决定性作用和更好发挥政府作用，关于发展混合所有制，关于推进供给侧结构性改革，关于用好国际国内两个市场、两种资源等重要观点。

---

① 《邓小平文选》第3卷，人民出版社1993年版，第83页。

习近平总书记指出："要深入研究世界经济和我国经济面临的新情况新问题，为马克思主义政治经济学创新发展贡献中国智慧。"① 要按照习近平总书记的要求，坚持和发展马克思主义政治经济学，真正把马克思主义政治经济学作为经济工作和经济研究的指导思想，创造中国特色社会主义政治经济学，为马克思主义政治经济学的创新发展，贡献我们的智慧。

三 养成认真学习马克思主义著作和习近平总书记系列重要讲话的好习惯

组织大家读书只是开个头，真正养成读马克思主义著作，读习近平总书记系列重要讲话的好习惯，需要在实践工作中、在理论工作中坚持。代表党组给大家讲几点要求：

一是认真读书。为了指导中国实践，中国共产党人历来注重马克思经典著作的学习。毛泽东同志一直主张，领导干部要读一些马克思主义的经典著作，否则就会上当受骗，误导实践。学习马克思主义经典著作要挤时间学，不要总以没有时间为借口而一再耽误读书。要像毛泽东同志那样挤时间，哪怕是分分秒秒，也要挤出来看书学习。

二是认真听课。这次安排的三堂课，大家一定要珍惜机会，认真听讲。

三是认真讨论。切磋琢磨、砥砺求精是求学上进的重要方式。课堂上与老师讨论，做到"教学相长"固然好。学员之间的讨论也很重要，大家平时聚得少，能趁这个机会交流写作经验、分享学习

---

① 引自习近平总书记在主持中央政治局第二十八次集体学习时的讲话，2015 年 11 月 23 日。

心得。碰撞砥砺思想，做到"学学相长"，也算学有所值！

四是认真笔记。好记性不如烂笔头。古往今来，真正"一自十行，过目不忘"的人只怕是一种说法而已。毛泽东一生博览群书，经常笔不离手，留下了许多珍贵的笔记和批注。对于做学问的人来说，日积月累做笔记难能可贵。

五是认真思考。学以致用，是学习马克思主义的正确态度。读经典著作，一定要结合实际，深入思考，分析问题，解决问题，不能为了学而学。

六是认真守纪。严格请假制度，希望大家要善始善终，坚持到底。

读马列经典是很难的，毛泽东同志在《反对党八股》一文中说："有人要说《资本论》不是很长的吗？那又怎么办？这是好办的，看下去就是了。"读经典就要硬着头皮往下看，不要浅尝辄止。宋代大文豪欧阳修在推行新法时，撰写文章针砭宋初以后靡丽、险怪的文风。他在文中借用了钱思公"余生平所作文章，多在'三上'，乃'马上'、'枕上'、'厕上'"这个戏语，以教导后进们学习钱思公惜时如金、刻苦攻读的精神，才能学有所成，学有所获。我们要遵循毛泽东同志的教导，拿出宋代大文豪欧阳修提倡的"三上文章"精神，刻苦研读马列经典，刻苦读习近平总书记系列重要讲话。一句话，希望大家静下心来读书！

马克思主义政治经济学不能丢[*]

——不断开拓马克思主义政治经济学研究的新境界

（2016 年 3 月 12 日）

习近平总书记在主持十八届中央政治局第二十八次集体学习时发表了关于坚持和发展马克思主义政治经济学的重要讲话。习近平总书记的重要讲话要求我们在我国经济体制改革和经济建设实践中，在经济学教学和研究中，必须坚持马克思主义政治经济学的指导地位，为我国经济体制改革和经济建设，为我国经济学教学和研究指明了方向。他强调，马克思主义政治经济学是马克思主义的重要组成部分，是我们坚持和发展马克思主义的必修课。现在各种经济理论五花八门，但政治经济学的根本只能是马克思主义政治经济学，而不能是别的什么经济学。经济学虽然是研究经济问题的学科，但不能脱离政治。在我国的经济学教学和研究中不能生搬硬套西方经济学，不能食洋不化，必须要大讲特讲马克思主义政治经济学，要大讲特讲当代中国特色社会主义政治经济学，不能使之被边缘化。

我们一定要认真学习贯彻落实习近平总书记关于坚持和发展马克思主义政治经济学的重要讲话精神。要坚决摒弃把马克思主义政

———————————

* 本文系作者 2016 年 3 月 12 日在关于马克思主义政治经济学研讨会上的即席发言。

治经济学边缘化、去政治化、非意识形态化的错误倾向，在坚持马克思主义政治经济学的基础上，结合中国特色社会主义实践，开拓马克思主义政治经济学研究的新境界。

一　马克思主义政治经济学是取得中国特色社会主义伟大胜利的理论武器

十八大以来，中央政治局集体学习，有三次是学习马克思主义基本理论。一次是学习辩证唯物主义，一次是学习历史唯物主义，还有一次是学习马克思主义政治经济学。我国现在正处在争取中国特色社会主义伟大胜利这样一个不同于任何历史时期的伟大历史阶段。争取中国特色社会主义伟大胜利，这是在马克思主义指导下进行的一场伟大斗争。在这场斗争中，中国共产党人要靠马克思主义统一思想、指导实践。无论是在战争年代，还是在社会主义建设探索年代，抑或是在中国特色社会主义改革开放年代，中国共产党人都在领导史无前例的伟大实践，如果没有共同思想基础和共同语言，是很难战胜困难、夺取胜利的。今天，我们党领导社会主义经济建设，领导社会主义市场经济，如果没有共同的理论基础和行动指南，很难战胜反马克思主义、反社会主义、反共产党的敌对势力的破坏，也很难克服各种错误倾向的干扰。习近平总书记在第二十八次集体学习的重要讲话中要求，必须旗帜鲜明地坚持马克思主义政治经济学，这是一个非常重要的政治要求。

习近平总书记多次强调要讲看齐意识。我们要向习近平总书记系列重要讲话精神看齐，坚持用习近平总书记系列重要讲话精神统一思想、凝聚共识，做到政治上坚定自信，思想上同心同向，行动上高度自觉，始终向中央看齐，始终同党中央保持一致。坚定不移地坚持用马克思主义政治经济学来指导我们的经济建设实践和经济教学研究。

二 彻底摒弃经济学教学研究中存在的三种错误倾向

当前，我国的经济学教学研究中存在某些严重的错误倾向：一是马克思主义政治经济学被边缘化。马克思主义政治经济学在经济研究和经济教学中被边缘化，令人堪忧。在有的课堂上，马克思主义政治经济学的教学已经被压缩得不能再压缩了，讲这门课的教师得不到重视，教这门课的教师严重匮乏，对马克思主义政治经济学的研究不够深入，研究马克思主义政治经济学的学者越来越少，研究《资本论》的学者越来越少，研究政治经济学的学者在评职称时也常常遭遇不公正的待遇；许多经济研究偏向微观化、碎片化、具体操作化、技术化、数学公式化，缺乏政治的、全局的、整体的、长远的、定性的研究。如果不改变这一现状，将会导致严重的后果。马克思主义政治经济学是定性的，是在定量基础上的定性研究，马克思用了40年的时间在大英博物馆翻阅资料，超越了任何西方经济学家的数据和事实的准备，在充分数量分析的基础上得出了定性的结论。

为什么在我国社会主义改革开放和社会主义市场经济建设中会出现一些错误的奇谈怪论，其中一个重要原因就是不能够运用马克思主义政治经济学全面科学地认识市场经济，对市场经济的两面性认识不够。要辩证地认识市场经济，一方面，它能够提高效率，推动发展，比过去传统的僵化体制灵活多了，但是另一方面，它也存在过分逐利性、无序性、盲目性的缺陷，会带来很多消极的东西，甚至导致意识形态和价值观上的错位。对于市场经济的二重性，如果不运用马克思主义政治经济学的立场、观点、方法加以科学分析，是认识不到的。实际上，马克思主义经典作家在讲市场经济的时候，把市场经济的两面性所带来的负面问题讲得很清楚了。列宁指出："只要还存在市场经济，只要还保持着货币权力和资本力量，世界上任何法律都无法消除不平等和剥削。"[①] 马克思主义政治经济学被边缘化了，不占指导地位，错误的倾向就会冒头。

二是马克思主义政治经济学被去政治化。马克思主义政治经济学中，政治两个字没有了，只有经济学，没有政治经济学。政治就要研究人和人之间的社会关系，研究人和人之间的经济关系。在阶级社会中，经济关系就是阶级关系。马克思主义政治经济学就要研究人和人的关系，研究阶级和阶级的关系，而不是只研究物。毛泽东当年组织胡绳、邓力群、田家英、胡乔木等人用了 25 天，集中研读苏联列昂节夫《政治经济学教科书》的社会主义部分，毛泽东同志指出，资本主义经济学只研究物不研究人，而马克思主义政治经济学主要是通过研究生产关系、上层建筑和政治来研究经济问题、生产力问题。

三是马克思主义政治经济学被非意识形态化。马克思主义政治经济学是工人阶级的世界观和方法论，怎么能非意识形态化呢？其实，资产阶级经济学，如新自由主义就是资本主义意识形态。

三　在坚持中创新马克思主义政治经济学

上述错误倾向，企图把马克思主义政治经济学打入冷宫，妄想在我国改革开放的关键时刻，以某些错误的经济学主张，来误导我

---

① 《列宁全集》第 13 卷，人民出版社 1987 年版，第 124 页。

国改革的正确方向。比如，把社会主义市场经济的改革说成在私有化条件下的市场化改革，把允许"以公有制为主体、多种所有制并存"说成了私有化，把农村联产承包责任制的"双层经营体制"的改革说成了土地私有化。

习总书记提出要高举马克思主义政治经济学，大讲特讲马克思主义政治经济学，大讲特讲中国特色社会主义政治经济学，这是警醒式棒喝。如果不讲，路子要偏，方向要出问题。坚持和发展马克思主义政治经济学，提出了两个问题：一个问题是马克思主义政治经济学还灵不灵，还管不管用，还是不是真理；另一个问题是在新的历史条件下面对新的情况马克思主义政治经济学要不要创新，要不要发展，要不要和中国实际相结合。

马克思主义政治经济学是真理，它概括了人类社会的发展规律，概括了资本主义社会的客观规律，概括了历史发展的必然趋势。列宁说过，马克思主义的《资本论》，马克思主义政治经济学，是无产阶级政党全部理论的基础，揭示了历史发展规律，揭露了资本主义剥削的秘密。在揭露资本主义内在矛盾的过程中，揭示了历史发展的总趋势，未来的社会一定是共产主义社会，资本主义内部存在新的生产力因素和工人阶级的物质力量，构成科学社会主义理论产生的物质基础和客观条件。中国共产党人最早接触到的马克思主义著作，是《共产党宣言》和《资本论》等最基本的经典著作。毛泽东在1921年就研读《资本论》了。他曾说过，读了马克思主义理论，总结出四个字，叫作"阶级斗争"。而现在有的马克思主义哲学教科书上把人类社会自原始公社解体以来的一切社会都是阶级社会这一重要观点去掉了，不讲了。如果把阶级观点去掉了，唯物史观就不是唯物史观了。同样，把《资本论》中的劳动价值一元论和劳动剩余价值论这两个基本理论去掉，也就等于阉割了马克思主义政治经济学。是否坚持马克思主义政治经济学，首先要看承不承认劳动价值一元论和剩余价值论，如果不承认，那就不是马克思主义政治经济学。

《中国社会科学》杂志1992年第6期发表了苏星同志写的一篇文章《劳动价值一元论》，文中批判了与他同时期的某些错误观点，该错误观点认为生产过程中所有的生产要素都能带来新的价值，这和马克思主义当年批判的庸俗经济学家的观点是一样的。其实，只有活的劳动和生产资料相结合才能带来新的价值。除了活的劳动之外，任何其他的生产要素本身都不能带来新的价值，但是可以参与剩余价值的分配，真正带来新的价值的是活的劳动。活的劳动创造的价值和劳动力作为商品的价值正好有一个差价，这就是剩余价值，这一点是任何人都不能否定的。

我认为，马克思主义政治经济学是真理。理由有三：一是马克思主义政治经济学中的立场是否定不了的。所谓立场，就是站在谁的立场上来说话，马克思站在工人阶级和广大劳动人民的立场上，必然得出剩余价值的结论。如果站在资本家的立场上，是得不出这个结论的。今天，我们的经济学家，首先要清楚到底站在谁的立场上为谁说话。二是马克思主义政治经济学中的基本观点是否定不了的。劳动价值论、剩余价值理论，还有其他关于市场经济一般规律的一般原理，这些都是否定不了的。关于价值规律、交换价值、使用价值、商品的二重性和周期性的经济危机的观点，这些谁都否定不了。马克思对市场经济一般规律的揭示，没有过时。怎么认识资本，怎么认识价值规律，怎么认识价值，怎么认识金融，也没有过时。三是马克思主义政治经济学的方法也是否定不了的。马克思分析资本主义经济规律，使用的是马克思主义哲学方法论。

总而言之，马克思主义政治经济学真正回答了时代问题，马克思主义论证的时代根本性质并没有改变，马克思政治经济学没有过时。马克思认为，从封建社会到资本主义社会，人类进入了一个世界性的历史时代。这个时代之所以被称为世界性的历史时代，是因为在这个时代，资本主义社会形态占统治地位，市场经济把整个世界连成一片，带来了生产力大发展，远远超过资本主义之前几千年的发展，同时又带来工人阶级和广大劳动人民的贫困，带来了战争和流血。资本主义固有的基本矛盾没有改变，其必然为社会主义所替代的历史时代发展趋势没有改变。

　　在今天的历史条件下，把社会主义制度和市场经济结合在一起，到底怎么搞？需要理论创新，要求有新的理论来说明它。但是理论创新不能离开马克思主义的根本原理，不能离开它的立场、观点和方法，不能离开它对人类社会经济发展一般规律的科学方法所得出来的一般原理。对于我国的经济学家、经济工作者来讲，对于全党来讲，必须按照习近平总书记的要求，真正把马克思主义政治经济学这杆大旗举起来，把中国特色社会主义政治经济学这杆大旗举起来。

坚定信仰，勇担使命，一生致力于学习、研究、宣传、践行马克思主义[*]

(2017 年 1 月 10 日)

中国社会科学院马克思主义学院首批博士生，今天就要毕业了。经过三年的辛苦学习，首批博士生圆满完成了学习任务，即将走上自己的工作岗位。在此，我代表中国社会科学院党组，向各位同学表示热烈的祝贺，向付出辛勤努力的各位老师致以诚挚的感谢！

三年前，为适应马克思主义理论骨干人才队伍建设的需要，在中央有关领导的倡导和大力支持下，我们启动了"马克思主义理论骨干人才计划"，创办了马克思主义学院。目的是通过博士教育教学体系的严格培养与训练，培养出一批马克思主义信仰坚定、走中国特色社会主义道路态度坚决、马克思主义理论素养深厚、研究中国实际问题本领高强的复合型高级专门理论研究人才与教育教学人才。

系统培养马克思主义理论骨干人才的使命光荣，任务艰巨。三年以来，大家感受到了党和人民寄予的厚望，感受到了从未有过的沉甸甸的责任。为了不辜负党和人民的殷切希望，不辜负中国哲学

---

* 本文系作者在 2017 年 1 月 10 日中国社会科学院"马克思主义理论骨干人才计划"首批博士生毕业典礼上的讲话。

社会科学最高学术殿堂的盛名，我们高度重视、积极探索、精心组织、不断创新，在招生、教学、培养、实践、学位授予等各个环节，在人才培养目标和方式、学科设置、学科建设、培养方案、教学内容、学习管理等各项工作中精心组织，身体力行，整合资源，创新机制，认真做好相关教育教学和管理工作。

下面，我结合党中央的精神和党组对人才培养的要求，对毕业之际的同学们提出三点希望。

一 坚持和发展马克思主义是理论工作者必须担当的伟大历史使命

历史已经多次证明并将继续证明，只有马克思主义和社会主义才能救中国，才能发展中国。失去了马克思主义指导地位，偏离了社会主义发展道路，中国就会走上邪路，就会给党、国家和人民带来灾难性后果。

马克思主义是经过历史和实践检验的真理，是"伟大的认识工具"，帮助我们树立正确的世界观、价值观和人生观，为我们观察世界、分析问题提供科学的方法论和有力的思想武器。坚持以马克思主义为指导，在不断变化的条件下，正确认识和发展马克思主义，是我们国家哲学社会科学工作的根本遵循。中国共产党正是把马克思主义理论与中国革命、建设、改革实践相结合，带领中国人民不懈奋斗，才建立了中华人民共和国，建立了社会主义制度，才取得了中国特色社会主义建设的巨大成就，创造了人类历史上一个又一个奇迹，形成了人类文明史上一个又一个伟大创举。

理想信念是共产党人安身立命的根本，是我们的政治灵魂，是我们精神上不可缺失的钙。"学而不知道，与不学同；知而不能行，与不知同"。没有科学理论功底，不掌握科学的世界观和方法论，就不能透过事物的现象看本质，就不能把握事物的内在联系，就容易陷于盲目性、片面性、被动性。忽视了马克思主义所指引的方向，就容易陷入盲目状态甚至误入歧途，就容易在错综复杂的形势中无所适从，就难以抵御各种错误思潮，很容易被一些天花乱坠、脱离实际甚至荒唐可笑、极其错误的东西所迷惑、所俘虏。正如习近平总书记所说，只有学懂了马克思列宁主义、毛泽东思想、中国特色社会主义理论体系，只有领会了贯穿其中的马克思主义立场、观点、方法，才能心明眼亮，才能深刻认识和准确把握共产党执政规律、社会主义建设规律、人类社会发展规律，才能始终坚定理想信念，才能在纷繁复杂的形势下坚持科学指导思想和正确前进方向，才能把中国特色社会主义不断推向前进。

思想理论建设关键在于人才，在队伍。马克思主义理论建设和人才培养，事关国家兴衰，民族兴亡，人民福祉。作为高素质的马克思主义理论骨干人才，不能把理想信念挂在嘴上，写在纸上，做做样子，而是要勇攀高峰，在理想信念和立场坚定的基础上提升自己的理论高度、深度和广度。要紧紧围绕坚持和发展马克思主义，与中国实际情况相结合，与时代特征相结合，对新的实践和时代特征作出新概括和有说服力的新论证，并且用群众喜闻乐见的表达方式表述出来。在不断学习借鉴人类文明成果的基础上，用中国的理论学术研究和话语体系解读中国实践、中国道路，打造具有中国特色、中国风格、中国气派的哲学社会科学创新体系及其中国式的话语体系。

习近平总书记系列重要讲话和治国理政新理念新思想新战略，是 21 世纪当代中国马克思主义，是对中国特色社会主义理论体系的丰富与发展，是马克思主义中国化的最新成果，是马克思主义博士研究生，也是马克思主义理论工作者的必修课。学习好、理解好、运用好习近平总书记系列重要讲话和治国理政新理念新思想新战略，是学习、研究、宣传、发展马克思主义，发展 21 世纪马克思主义，创新 21 世纪当代中国马克思主义的重要任务。一定要做到真学、真懂、真信、真用。

二 做坚定的马克思主义理论的学习者、研究者

理论是从实践中产生的，理论是否正确还要接受实践检验并要在实践中得到丰富和发展；同时，理论只有与实际紧密联系，才能发挥对实践的指导作用，实现自身的价值和意义。理论如果脱离了实际，就会成为僵化的教条，就会失去其活力与生命力。理论家如果脱离了社会实践，只是从书本到书本，就会成为空洞的理论家，而不可能成为党和人民所要求的实际的理论家。从事马克思主义理论研究，要立足社会实践，增强问题意识、突出问题导向，敏锐发现问题、正确分析问题、切实解决问题，坚决防止"言必称希腊"、"言必称古人"、照抄照搬"洋教条""土教条"的现象，克服闭门造车、孤芳自赏的倾向。

作为马克思主义理论骨干人才，要始终坚持为人民做学问、为社会主义做学问。要敢为天下先，"铁肩担道义，妙手著文章"，"常思奋不顾身，以殉国家之急"。要把社会责任放在首位，摒弃小我、超越自我，真正把做人、做事、做学问统一起来，争相做到"在为祖国、为人民立德立言中成就自我、实现人生价值"。只有在真学、真懂、真信、真用上下功夫，掌握了马克思列宁主义、毛泽东思想和中国特色社会主义理论体系，特别是马克思主义立场、观点、方法，才能坚定理想信念，久久为功，学以致用。要发扬理论

联系实际的马克思主义学风，脚踏实地、苦练内功、学思结合、学用结合，拜人民为师，做到干中学、学中干，学以致用、用以促学、学用相长，千万不能夸夸其谈、纸上谈兵。

继续推进马克思主义中国化、时代化、大众化，继续发展21世纪马克思主义、当代中国马克思主义，这是一项神圣而高尚的事业，也是一项清苦而艰辛的工作。作为马克思主义理论骨干人才，要向老一辈理论家学习，要有强大的真理力量和人格力量，承接并高擎社会主义先进文化的火炬，引领一代又一代的青年学子前进，为党和国家的事业凝聚强大的奋斗力量。要淡泊名利，守住寂寞，全身心投入到马克思主义理论事业发展中，用执着追求和高尚情操谱写壮美的理论人生。要树立"四个意识"，特别是核心意识、看齐意识，要坚决维护习近平总书记的核心地位，坚决向以习近平同志为核心的党中央看齐，这就要认真学习，践行习近平总书记系列重要讲话和治国理政新理念新思想新战略。

三　做合格的马克思主义传播者、践行者

作为马克思主义理论骨干人才，要增强社会责任意识，坚持为人民服务，为社会主义服务，在建设中国特色社会主义的道路上发光发热。我们应把理论学术关注点聚焦到习近平总书记系列重要讲话和治国理政新理念新思想新战略上，聚焦到党和国家重点工作上，聚焦到经济社会发展的重大问题上，聚焦到亿万人民群众的火热实践上，把理论创新与理想信念结合起来，把学术追求与服务群众结合起来，把理论研究和理论普及统一起来，善于用朴实的语言阐述深刻的道理，不遗余力地传播、丰富和发展马克思主义理论。

思想理论被群众掌握才能真正发挥改造世界的伟力，才能精神

化物质, 腐朽化神奇。马克思主义理论从来是来自于实践、服务于群众的, 要增强社会责任感, 把理论研究同理论普及统一起来, 既当学生又当先生, 善于用朴实的语言阐释深刻的道理, 让群众听得懂、易接受, 架起理论与大众之间的桥梁。

学习的目的全在于运用。学习马克思主义理论的根本目的是增强工作本领、提高解决实际问题的水平。要脚踏实地、苦练内功, 学思结合、学用结合, 以自己的实际行动, 不负党和人民的重托, 不辱光荣使命。

别离总有一份不舍。为了祖国和人民, 作为老师, 我们永远与你们在一起, 我们永远祝福你们, 祝你们在成长的道路上, 前程似锦。我们期待着下一次的相聚, 期待你们为母校增光添彩, 期待你们在祖国和人民最需要的地方不辱使命, 建功立业。祝大家幸福安康, 事业有成!

学习理论，持之以恒，
久久为功，必生长效*

（2017 年 3 月 20 日）

举办所局级主要领导干部马克思主义著作和习近平总书记系列重要讲话读书班，是我院抓住"关键少数"、抓好"关键少数"，从"关键少数"抓起，全面从严治党管院，提高全院人员运用马克思主义指导科研能力，加强马克思主义和意识形态阵地建设，实现中央"三个定位"要求的关键举措。

习近平总书记在担任中央党校校长期间一再强调，领导干部要学习马克思主义经典著作，掌握马克思主义看家本领，并列出一系列马克思主义经典著作书单，要求领导干部认真研读，领会精神实质。他指出，马克思主义经典著作蕴含和集中体现着马克思主义基本原理，是马克思主义理论的本源和基础。只有认真学习马克思主义经典著作，才能创造性地运用马克思主义立场观点方法去分析和解决我们面临的实际问题。党组认为，落实中央要求，办好中国社会科学院，真正发挥阵地、重镇、殿堂和智库功能，关键是不断增强全院人员运用马克思主义指导科研的理论素养，而最重要的就是首先解决好我院"关键少数"，即在座的所

* 本文系作者在 2017 年 3 月 20 日所局级主要领导干部马克思主义著作和习近平总书记系列重要讲话读书班上的讲话。

局主要负责同志的马克思主义理论水平问题。党组清醒地认识到，治党管院必须抓住这个关键环节，以"关键少数"来带动全院。

从 2011 年开始，我院已经连续举办了六期读书班，这次是第七期。2011 年 5 月，党组举办了第一期读书班，研读《共产党宣言》，学习毛泽东、邓小平、江泽民、胡锦涛等党和国家领导人的重要讲话；2012 年 5 月，举办第二期读书班，研读《路德维希·费尔巴哈和德国古典哲学的终结》，学习中央领导的重要讲话；2013 年 5 月，举办第三期读书班，学习党的十八大精神和习近平总书记系列重要讲话；2014 年 3 月，举办第四期读书班，研读《资本论》，学习习近平总书记系列重要讲话；2015 年 3 月，举办第五期读书班，研读《国家与革命》《论人民民主专政》，学习习近平总书记系列重要讲话。2016 年 4 月，举办第六期读书班，研读恩格斯的《卡尔·马克思》、列宁的《卡尔·马克思》《弗里德里希·恩格斯》，学习习近平总书记系列重要讲话。通过连续六年锲而不舍、雷打不动地组织"关键少数"研读马克思主义著作，学习习近平总书记系列重要讲话和治国理政新理念新思想新战略，带动全院领导干部和科研骨干的政治学习，带动全院人员的政治学习，全院所局级主要领导干部、全院领导干部和科研骨干、全院人员马克思主义水准有了较大幅度的提升，全院工作年年上新台阶。对于我院的工作，全院群众是满意的，人民是满意的，党中央是满意的。持续不断地从"关键少数"抓起，办读书班，读经典、学讲话、悟原理，增强理论素养，这是办好社科院的一条成功的基本经验。今后还要坚持不懈、持之以恒地抓下去，只要扭住不放，久久为功，必有时效，必生长效。

今年要召开党的十九大，又逢我院建院 40 周年。在这个重要的年度，举办本期读书班意义重大。这次读书班安排学习一本书：
列宁的《帝国主义是资本主义的最高阶段》（以下简称《帝国主义
论》）；学习习近平总书记十八届六中全会以来的重要讲话，主要
是：在党的十八届六中全会上的讲话、在中央政治局民主生活会上
的讲话、在十八届中央纪委七次全会上的讲话、在省部级主要领导
干部学习贯彻党的十八届六中全会精神专题研讨班开班式上的讲
话；以及学习刘云山同志、刘奇葆同志在全国宣传部长会议上的讲
话；等等。在学习的基础上，联系我院实际，研究解决如何进一步
贯彻落实习近平总书记系列重要讲话精神和治国理政新理念新思想
新战略，全面实施创新工程，加快构建中国特色哲学社会科学学科
建设，切实办好中国社会科学院。班上，还发给大家两本资料：一
本是《创新工程文件汇编》，另一本是《创新工程重要讲话汇编》；
两个文件：《一个是关于中国社会科学院创新工程首席管理准入审
核责任制的意见》，另一个是《所局主要领导干部出席全院重要会
议活动及外出请销假规定（暂行）》。请同志们结合实际，考虑怎
样解决好我院当前存在的问题。

今天，我主要讲三个问题。

第一个问题,学习《帝国主义论》,掌握好 马克思主义立场、观点和方法

习近平总书记在 2011 年 5 月 13 日中央党校 2011 年春季学期第
二批进修班开学典礼上的讲话中强调，作为领导干部不仅要读马克
思恩格斯经典著作，还要读列宁的经典著作，他说："毛泽东同志
在谈到读列宁的著作时说过，列宁的著作好读，可以跟读者交心，
其中讲的各个时期的情况很多跟中国的情况相似，对中国革命和建

设具有现实指导意义。"① 正是按照习近平总书记的指示精神，我们把《帝国主义论》选作本期读书班的基本教材。

我们党始终把马克思列宁主义作为指导思想，写进决议，写进党章，贯彻到指导党的革命、建设和改革的实践进程中。作为通称的马克思主义，包括列宁主义、毛泽东思想和中国特色社会主义理论体系，当然，还包括随着实践发展而不断发展的马克思主义的新成果。作为特称的马克思主义是指马克思恩格斯所创立的马克思主义，列宁主义则是马克思主义在垄断资本主义，即帝国主义阶段的丰富和发展，是帝国主义阶段的马克思主义。

马克思的《资本论》是马克思主义的标志性光辉著作。列宁的《帝国主义论》，是马克思主义发展到列宁主义阶段的标志性光辉著作。《资本论》与《帝国主义论》共同构成了马克思主义科学理论体系的经典姐妹篇。《帝国主义论》是划时代的伟大著作，是新版《资本论》，是《资本论》的直接继承和伟大发展，在马克思主义发展史上占有重要地位。列宁的伟大理论贡献就在于，依据马克思主义立场、观点、方法，依据《资本论》的基本原理，总结了《资本论》出版以后半个世纪资本主义发展的新情况和社会主义运动的新经验，全面地分析了垄断资本主义的经济基础及其特征，科学地揭示了其本质、特征和矛盾；批判了背叛马克思主义的考茨基主义，对帝国主义作出了最科学、最全面、最系统的马克思主义的分析与判断，深刻地论证了帝国主义的历史地位，作出了帝国主义是发展到垄断的资本主义特殊阶段，是无产阶级社会主义革命前夜的重要判断；揭示了帝国主义经济政治发展不平衡的客观规律，进一步论证了资本主义必然灭亡和社会主义必然胜利的历史趋势，提

① 《习近平党校十九讲》，中共中央党校出版社 2015 年版（内部资料），第 234 页。

出了帝国主义就是战争，战争引起革命的思想，得出了社会主义可能首先在少数国家甚至在单独一个国家内获得胜利的结论，为俄国无产阶级及其政党争取无产阶级和社会主义革命的胜利，建立第一个社会主义制度的国家，提供了完备坚实的理论依据和科学指南，实现了马克思主义与新的时代特征和俄国具体国情相结合，发展了马克思主义，创立了列宁主义。

在列宁主义指导下，俄国布尔什维克党领导俄国工人阶级及广大劳动人民，取得了十月社会主义革命的伟大胜利，开创了人类历史的新纪元。

《帝国主义论》是一部闪耀着真理光辉的不朽著作。当下我们正处于垄断资本主义，即帝国主义本质和特征并没有根本改变，但又有许多新的巨大变化的阶段。在这一新的历史条件下，我们既要不忘老祖宗，不忘初心，坚定理想信念，又要有所创新发展，继续前进，认清当今时代本质及其阶段性变化、特征、主题和国内外形势，认清当今世界的基本矛盾、国际斗争的发展规律和现代战争的根源，认清资本主义必然灭亡，社会主义必然胜利的历史总趋势。要认清当代资本主义本质和阶段性新变化，认清当代社会主义的发展趋势和面临的新问题，认清我们党所领导的中国特色社会主义历史方位和未来走向，制定指导我们事业的正确的理论路线、战略策略和方针政策，重读《帝国主义论》，具有重大的理论和现实意义。

（一）关于《帝国主义论》写作的历史背景

《帝国主义论》于 1916 年上半年写成，1917 年问世。列宁的这部著作是适应资本主义由竞争阶段发展到垄断阶段，即帝国主义阶段，无产阶级及其政党处于社会主义革命前夜这个新的历史条件的迫切需要，在反对帝国主义和考茨基主义的激烈斗争中写成的。

第一，《帝国主义论》是在资本主义由自由竞争阶段发展到垄断阶段，社会经济发生了深刻变化的条件下写作的。

十九世纪末二十世纪初，资本主义国家的社会经济发生了深刻变化，自由竞争为垄断所代替。在欧美各主要资本主义国家里，垄断组织已控制了一系列工业部门和银行系统，成为全部社会经济生活的基础。垄断组织在国内建立统治的同时，竭力向外扩张，以扩大它们压迫、奴役、剥削的范围。这时，"垄断组织和金融资本的统治已经确立、资本输出具有特别重大的意义、国际托拉斯开始分割世界、最大的资本主义国家已把世界全部领土分割完毕"[①]。这标志着资本主义进入了垄断资本主义，即帝国主义阶段。

由竞争变成垄断，是资本主义经济发生的巨大转变，这是列宁研究帝国主义本质特征，创新理论的最主要的社会条件。正因为有了这个社会条件，才使得认识垄断资本主义，即帝国主义的本质、特点和规律，实际上成为可能。而马克思和恩格斯由于所处的历史条件的限制，不可能进行这方面的理论阐释。正如毛泽东同志指出的那样："马克思不能在自由资本主义时代就预先具体地认识帝国主义时代的某些特异的规律，因为帝国主义……还未到来，还无这种实践。"[②] 新的历史实践是列宁主义产生的客观条件。

第二，《帝国主义论》是在资本主义矛盾和斗争空前激化和第一次世界大战爆发的条件下写作的。

随着自由竞争资本主义发展成为垄断资本主义，马克思恩格斯所揭示的资本主义固有的内在矛盾不仅没有消除，仍然存在，仍然起作用，而且资本主义的一系列矛盾，特别是无产阶级和资产阶级、宗主国和殖民地、各资本主义国家之间的矛盾，空前激化。正

---

① 《列宁选集》第 2 卷，人民出版社 2012 年版，第 651 页。
② 《毛泽东选集》第 1 卷，人民出版社 1991 年版，第 287 页。

如毛泽东同志所指出的："自由竞争年代的资本主义发展为帝国主义，这时，无产阶级和资产阶级这两个根本矛盾着的阶级的性质和这个社会的资本主义的本质，并没有变化；但是，两阶级的矛盾激化了，独占资本和自由资本之间的矛盾发生了，宗主国和殖民地的矛盾激化了，各资本主义国家间的矛盾即由各国发展不平衡的状态而引起的矛盾特别尖锐地表现出来了，因此形成了资本主义的特殊阶段，形成了帝国主义阶段。"①　二十世纪初，资本主义各类矛盾的激化，导致阶级斗争空前激烈，工人罢工浪潮汹涌澎湃，席卷了整个欧洲。特别是俄国 1905 年的革命，结束了 1871 年巴黎公社以后出现的资本主义的"和平"发展时期，揭开了帝国主义阶段无产阶级革命的"序幕"。世界各地民族解放运动风起云涌，东方各被压迫民族和被压迫人民迅速觉醒。帝国主义国家之间的矛盾也日益加剧，它们为重新瓜分世界展开了尖锐的斗争。1898 年的美西战争和 1904 年的日俄战争，就是帝国主义重新分割世界的开始。

　　1914 年又爆发了两个帝国主义集团长期酝酿的第一次世界大战。这场战争使各交战国的经济面临破产，给全世界人民带来了更加深重的灾难，使各国无产阶级革命的情绪空前高涨。在战争造成的经济破坏和政治危机的基础上，各国革命形势日益成熟。德、法、英等国的无产阶级掀起了波澜壮阔的反战运动和罢工运动。在当时的俄国，工人罢工、农民起义和士兵暴动不断发生，革命运动迅猛异常。所有这一切都表明，世界进入了一个新的政治动荡和革命风暴的时期，无产阶级社会主义革命已成为必不可免的直接的实践问题。毛泽东同志指出："帝国主义给自己准备了灭亡的条件。殖民地半殖民地的人民大众和帝国主义自己国家内的人民大众的觉

---

① 《毛泽东选集》第 1 卷，人民出版社 1991 年版，第 314 页。

悟，就是这样的条件。"① 帝国主义是驱使全世界的人民大众走上消灭帝国主义的伟大斗争的资本主义发展的特殊阶段。

第三，《帝国主义论》是在马克思主义与机会主义特别是考茨基主义的斗争中写作的。

列宁曾经指出："马克思主义在理论上的胜利，逼得他的敌人装扮成马克思主义者。"② 当资本主义进入帝国主义阶段，无产阶级夺取政权，建立社会主义制度的伟大历史任务已经提到日程上来的时候，背叛马克思主义的第二国际机会主义思潮泛滥起来。伯恩施坦和考茨基是这股思潮的主要代表，他们打着马克思主义的旗帜，却干着篡改马克思主义的事情，公然背叛马克思主义，背叛无产阶级和社会主义运动。第一次世界大战爆发和以伯恩施坦为首的右派公开叛变后，打着马克思主义旗号而以"中派"面目自居的考茨基主义则成为当时攻击马克思主义的主要危险。右派伯恩施坦主义，特别是具有极大欺骗性的"中派"考茨基主义的泛滥，使得怎样对待帝国主义，怎样对待战争和革命等一系列问题，成为当时国际共产主义运动所面临的最尖锐、最迫切的问题。以列宁为代表的马克思主义路线同以伯恩施坦、考茨基为代表的机会主义，特别是考茨基主义展开了针锋相对的斗争。这是一场关系到捍卫马克思主义的真理性，关系到无产阶级革命、社会主义事业成败的大论战。

这场论战主要围绕以下问题展开。

一是如何正确判断垄断资本主义，即帝国主义发展阶段的问题。考茨基在 1914 年给帝国主义下了一个背叛马克思主义的定义，认为帝国主义不是资本主义发展中的一个阶段，而是金融资本"情愿采取"的一种政策。他由此出发，抛出了一个臭名昭著的"超帝

---

① 《毛泽东选集》第 4 卷，人民出版社 1991 年版，第 1483 页。
② 《列宁选集》第 2 卷，人民出版社 2012 年版，第 307 页。

国主义论"，胡说资本主义会经历一个"超帝国主义阶段"，在这个阶段，各国金融资本将联合起来共同剥削世界，从而可以消除帝国主义的各种矛盾和冲突，出现"和平民主"的"新纪元"。考茨基这套谬论的要害，就是掩盖帝国主义的本质，抹煞帝国主义最深刻的矛盾，用美妙的幻景来欺骗群众，使他们放弃共产主义远大理想和争取社会主义胜利的革命斗争。

二是如何对待第一次世界大战和无产阶级革命的问题。在战争和革命的问题上，第二国际反马克思主义的机会主义者采取了完全错误的态度。当时参与第一次世界大战的各国垄断资产阶级的统治集团一方面加紧镇压蓬勃发展的无产阶级革命运动，另一方面开动全部宣传机器，散布种种谎言，拼命掩盖战争的帝国主义性质，诱骗人民群众为其卖命。第二国际以伯恩施坦为代表的右派们，完全站在本国资产阶级一边，打出"保卫祖国"的虚伪口号，投票赞成政府的军事预算，公开支持帝国主义战争，堕落成为赤裸裸的社会沙文主义者，成为帝国主义战争的吹鼓手和辩护士。考茨基主义者们则玩弄不参加军事预算投票的诡计，实质上仍然在"保卫祖国"的口号下，煽动各国工人互相残杀，反对无产阶级革命。

在上述新的历史条件下，面对国际性的反马克思主义思潮的泛滥和革命形势的高涨，列宁一方面亲自参加革命斗争实践，另一方面进行了艰巨的理论研究工作，写下了捍卫和发展马克思主义的《帝国主义论》。毛泽东同志认为，列宁主义之所以成为帝国主义和无产阶级革命阶段的马克思主义，就是因为列宁"正确地说明了这些矛盾，并正确地作出了解决这些矛盾的无产阶级革命的理论和策略"[①]。列宁关于帝国主义的理论是对马克思主义的重大发展，揭示

---

① 《毛泽东选集》第 1 卷，人民出版社 1991 年版，第 314 页。

了新的历史阶段的特征和发展方向，解决了时代所提出的一系列重大课题，为无产阶级在新的历史条件下进行革命提供了理论和策略指南。

（二）关于《帝国主义论》的结构和主要内容

《帝国主义论》包括两篇序言，十章正文。正文所要回答的中心问题，就是在分析帝国主义五大特征和三大矛盾的基础上阐明：帝国主义是垂死的资本主义，是无产阶级社会主义革命的前夜，战争与革命问题是帝国主义和无产阶级革命阶段的时代主题。全书围绕这一中心步步深入地展开分析。

本书是从分析帝国主义的基本经济特征开始的。对于经济特征的分析，是在前六章进行的。帝国主义之所以是资本主义发展的特殊阶段，首先因为它在经济上具有不同于前一阶段资本主义的重大特征。列宁把资本主义的这一特殊阶段在经济上的巨大变化，概括为五个基本经济特征：（1）"生产和资本的集中发展到这样高的程度，以致造成了在经济生活中起决定作用的垄断组织"；（2）"银行资本和工业资本已经融合起来，在这个'金融资本'的基础上形成了金融寡头"；（3）"与商品输出不同的资本输出有了特别重要的意义"；（4）"瓜分世界的资本家国际垄断同盟已经形成"；（5）"最大的资本主义列强已把世界上的领土分割完毕"。①

第一、二、三章主要分析金融资本的形成和它在国内的垄断，揭露帝国主义国家内部的阶级矛盾，特别是无产阶级和资产阶级的矛盾；第四、五、六章主要分析金融资本向外扩张和它在国际上的垄断，揭露帝国主义宗主国与殖民地的矛盾、帝国主义国家之间的

---

① 《列宁选集》第2卷，人民出版社2012年版，第651页。

矛盾，指出垄断是帝国主义的经济实质和最深厚的经济基础。

要理解帝国主义是资本主义发展的特殊阶段，首先必须弄清楚垄断的形成和发展，垄断所造成的后果以及它同自由竞争的关系，等等。随着工业垄断的形成，银行业也形成了垄断。这就使银行和工业之间的关系发生了根本变化，银行具有了"万能垄断者"的新作用。在银行垄断资本和工业垄断资本融合生长的基础上形成了金融资本和金融寡头，它们控制了国家的经济和政治生活，对工人阶级和劳动人民进行沉重的剥削和压迫。帝国主义就是金融资本的统治。金融资本的统治加剧了国内争夺销售市场、原料来源和投资场所等方面的矛盾。为了追求高额利润，金融寡头便以各种方式竭力扩张，竭力掠夺别国特别是落后国家人民。这就必然引起资本输出，进而导致各资本家同盟从经商到瓜分世界市场，直至帝国主义列强把世界领土瓜分完毕并为重新瓜分世界领土而斗争。帝国主义的本性决定它必然推行霸权主义。争夺世界霸权，是帝国主义政策的主要内容。为了夺取地盘，瓜分势力范围，争霸世界，帝国主义战争是绝对不可避免的。列宁关于帝国主义是垄断资本主义的全部分析说明，帝国主义的本质就是垄断，就是掠夺，就是争霸，就是战争。

本书后四章，主要阐明帝国主义是资本主义的特殊阶段和它的历史地位，批判考茨基主义。第七章总结了前六章的内容，并在这个基础上给帝国主义下了科学的定义，批判了考茨基对帝国主义的错误定义和"超帝国主义论"；同时从帝国主义是资本主义的特殊阶段这个完备的定义中引出几个重要内容：（1）帝国主义是垄断资本主义；（2）帝国主义是寄生的或腐朽的资本主义；（3）帝国主义是垂死的资本主义。本书的整个结构，就是按照这个完备定义的内容来安排的。前六章分析了这个定义的第一个方面。第八章是讲这个定义的第二个方面——帝国主义的寄生性和腐朽性，论述它的各种表现及后果，特别是分析工人运动分裂的经济基础，揭示帝国主义的寄生性和腐朽性同机会主义的必然联系。第九章集中、全面地批判了考茨基关于帝国主义的谬论，揭露了考茨基主义的反马克思主义的本质。第十章是全书的总结，它概括阐明了完备定义的三个方面，着重指出了帝国主义的历史地位，即帝国主义是垂死的资本主义，是无产阶级社会主义革命的前夜。

（三）关于学习《帝国主义论》应该掌握的重点

今天距《帝国主义论》的写作时间已过去一个来世纪了，100年来世情、国情发生天翻地覆的变化，出现了许多前所未有的阶段性的新特征。纵观人类社会发展的时代变迁及形势变化，不变中有变，变中有不变。马克思主义经典作家当时作出的个别具体结论可能会有局限，但所判定的时代根本性质没有改变，垄断资本主义的本质没有改变，资本主义的基本矛盾依然起作用。《帝国主义论》揭示的是普遍的真理，列宁主义是进入20世纪的马克思主义新的理论形态，回答了资本主义发展到垄断阶段新的时代问题，列宁主义的基本原理没有过时。当然，也不能拘泥于列宁的个别具体结论。坚持马克思列宁主义是一个重大原则问题，马克思列宁主义仍然是我们党今天指导思想的理论基础。今天学习《帝国主义论》，重点掌握以下四点。

第一，学习掌握列宁是怎样灵活运用马克思主义立场、观点和方法分析、认识、解决问题的。"立场"是一个根本问题，这是马克思主义者观察认识问题的唯一立足点。通过研读《帝国主义论》，可以明白无误地认识到，列宁首先站在工人阶级及劳动大众的立场上，站在马克思主义所一贯坚持的人民的立场上。"观点"就是一个理论指导问题，是掌握什么样的理论武器来指导实践的。列宁揭示帝国主义本质与特征，得出无产阶级和社会主义革命的新的理论，是按照《资本论》的基本原则，运用马克思主义经典作家所阐述的基本原理剖析垄断资本主义的本质与特征，从而得出正确结论的。"方法"就是一个方法论的问题，是运用什么样的分析方法剖析问题的。马克思主义的唯物论、辩证法、唯物史观的方法论，是分析问题的最犀利的解剖刀，列宁运用马克思主义的基本方法，深刻揭示了垄断资本主义的本质、特征和趋势，找出解决问题的思路和办法。立场、观点、方法是管总的，管根本的，管长远的，是我们学习《帝国主义论》首先要领会把握的精神实质。

第二，学习掌握列宁是怎样紧紧抓住最基本的经济事实，从最基本的经济现象入手分析，科学揭示帝国主义的本质和特征的。从客观存在的基本经济事实出发认识社会问题，这是马克思主义一切从实际出发、具体问题具体分析的活的灵魂，是马克思《资本论》的基本思路，也是唯物史观的基本方法。商品是最基本的经济细胞，马克思正是抓住了资本主义这一基本经济事实，揭示了整个资本主义的基本矛盾，得出了资本主义必然灭亡和科学社会主义的科学原理。列宁则抓住了垄断这一从自由竞争资本主义转变到帝国主义的最重要的经济事实，从而揭示了帝国主义的灭亡规律，得出了科学社会主义的新结论。今天，应借鉴马克思《资本论》、列宁《帝国主义论》分析思路，从现代资本主义基本经济事实的变化开始分析，认清当代资本主义本质及矛盾的新表现。

第三，学习掌握列宁是怎样始终坚持矛盾和阶级观点，运用矛盾和阶级分析方法揭示垄断资本主义基本矛盾、阶级关系和阶级矛盾的。毛泽东同志指出："阶级斗争，一些阶级胜利了，一些阶级消灭了。这就是历史，这就是几千年的文明史。拿这个观点解释历史的就叫做历史的唯物主义，站在这个观点的反面的是历史的唯心主义。"① 世界上充满了矛盾，人类社会也是如此。在阶级社会中，矛盾表现为阶级矛盾。分析阶级社会现象，必须从社会矛盾分析入手，进入阶级矛盾和阶级斗争分析，这是唯物主义历史观的基本原理。坚信矛盾和阶级观点，并运用于社会历史现象的具体分析，就是真正地坚持唯物史观，而不是口头上坚持唯物史观。现在有的对社会历史问题，对国内外形势抓不住实质，理不出头绪，说不到点子，找不准解决问题的正确对策，就是在阶级观点及其分析方法这个唯物史观的根本问题上出了毛病。列宁正是运用矛盾思维和阶级分析这一基本方法，揭示了垄断资本主义的阶级关系和阶级本质，为我们清楚地认识垄断资本主义理出了一条清晰的线索，指出了明确的斗争战略和策略。

第四，学习掌握列宁是怎样把时代判断和形势分析作为基本前提，敏锐地认识到，时代本质没有改变，时代特征却发生了新变化，捕捉到时代新主题，有针对性地提出马克思主义政党指导具体实践的战略和策略问题的。对时代和时代问题的分析判断，对形势和格局的分析判断，是指导无产阶级政党制定战略和策略的重要依据。列宁遵循马克思主义经典作家的唯物史观和时代观，坚持了马克思恩格斯所判断的世界正处于资本主义社会形态占统治地位的世界历史时代，该时代充满了社会主义与资本主义两种力量、两条道路的斗争，资本主义必然为社会主义、共产主义所替代的历史必然规律的唯物史观的总结论，同时又透彻地分析了当时资本主义所发生的阶段性新变化，从而正确地判定时代的新特征和新问题，剖析了国内外形势的新变化，指出虽然时代的根本性质没有变，但是时

---

① 《毛泽东选集》第 4 卷，人民出版社 1991 年版，第 1487 页。

代特征却发生了巨大的阶段性变化，得出了战争与革命是该时代的主题，作出了正处于无产阶级社会主义革命前夜的正确判定，从而形成"一国胜利"论的重要结论。这为我们如何看待今天时代根本性质没有改变，但却发生了巨大阶段性变化，时代主题发生了重大转换，提供了基本遵循。

《帝国主义论》是马克思主义的丰富宝库，学习《帝国主义论》需要深刻理解和掌握马克思列宁主义的立场、观点和方法，理解和掌握马列主义基本原理和基本观点。此外特别还要学习列宁的实事求是态度、问题意识，以及创新精神、批判精神和革命精神。

第二个问题，学习习近平总书记关于全面从严治党的重要讲话和六中全会精神，旗帜鲜明地讲政治

学习理解好习近平总书记关于全面从严治党的重要讲话精神，贯彻落实好六中全会精神，对于全党顺利推进中国特色社会主义伟大事业、党的建设新的伟大工程，展开具有许多新的历史特点的伟大斗争，具有重大而深远的意义。我院是党中央领导的哲学社会科学的最高研究机构，担负着阵地、重镇、殿堂和智库建设的重要职责，学习好习近平总书记系列重要讲话，贯彻好六中全会精神，是我院治好党管好院的政治保证。

为进一步推进全面从严治党，推动六中全会精神落到实处，中央在 2 月 13—16 日举办了省部级主要领导干部学习贯彻党的十八届六中全会精神专题研讨班，习近平总书记在开班式上发表重要讲话，要求作为"关键少数"的省部级主要负责同志把六中全会精神理解透，把《中国共产党廉政自律准则》《中国共产党纪律处分条

例》把握准，以思想到位、行动对标，带动全党把六中全会精神落到实处。习近平总书记在讲话中强调，全党要深刻认清讲政治的重要性和必要性，党要管党，必须从党内政治生活管起，从严治党，必须从党内政治生活严起，严肃党内政治生活。他指出，讲政治，是马克思主义执政党的根本要求，是我们党一以贯之的基本原则，是"补钙壮骨""强身健体"的根本保证，是我们党培养自我革命勇气、增强自我净化能力、提高"排毒杀菌"政治免疫力的根本途径。讲不讲政治，关系到党的前途和命运。讲政治，关键在"关键少数"。

下面，我着重就学习贯彻习近平总书记重要讲话精神，再强调几点。

（一）坚决维护习近平总书记的核心地位，是第一位的政治纪律

确立坚强的领导核心，是马克思主义政党成熟的重要标志。在坚持人民群众创造历史的同时，强调领袖人物的重要历史作用，是历史唯物主义的基本观点，是马克思主义群众、阶级、政党、领袖关系学说的重要内容。

马克思说："每一个社会时代都需要有自己的伟大人物，如果没有这样的人物，它就要创造出这样的人物来。"[1] 恩格斯指出："一方面是一定的权威，不管它是怎样形成的，另一方面是一定的服从，这两者都是我们不得不接受的。"[2] 列宁指出："在历史上，任何一个阶级，如果不推举出自己的善于组织运动和领导运动的政治领袖和先进代表，就不可能取得统治地位。"[3] 他说："在通常情

---

[1] 《马克思恩格斯选集》第 1 卷，人民出版社 1995 年版，第 432 页。
[2] 《马克思恩格斯选集》第 3 卷，人民出版社 2012 年版，第 276 页。
[3] 《列宁选集》第 1 卷，人民出版社 1995 年版，第 286 页。

况下，在多数场合，至少在现代的文明国家内，阶级是由政党来领导的；政党通常是由最有威信、最有影响、最有经验、被选出担任最重要职务而称为领袖的人们所组成的比较稳定的集团来主持的。这都是起码的常识。"①

历史的经验是宝贵财富。中国共产党栉风沐雨、历经坎坷，不断从胜利走向另一个胜利的历史，深刻昭示：一个成熟的具有核心领导权威的马克思主义政党，对于革命、建设和改革发展事业具有决定性作用。毛泽东同志指出："中国共产党是全中国人民的领导核心。没有这样一个核心，社会主义事业就不能胜利。"② 邓小平同志指出："任何一个领导集体都要有一个核心，没有核心的领导是靠不住的。"③

确立坚强的领导核心，是更好地进行具有许多新的历史特点的伟大斗争的必然要求。对于中国共产党这样一个拥有 8800 多万名党员、在 13 亿多人口大国长期执政的大党，要经受住"四大考验"、克服"四种危险"，战胜前进道路上面临世所罕见的矛盾和挑战，比任何时候都更需要一个坚强的领导核心。党的十八大以来，习近平总书记带领全党全军全国各族人民开创了中国特色社会主义伟大事业和党的建设新的伟大工程新局面，取得了一系列具有重要现实意义和深远历史意义的成就，实现了党和国家事业的继往开来。习近平总书记事实上已经成为党中央的核心、全党的核心。确立习近平总书记的核心地位，这是我们党思想上政治上理论上组织上成熟的集中体现，是众望所归、当之无愧、名副其实的，是全党的选择、人民的选择、历史的选择。维护权威，就要进一步树立

---

① 《列宁选集》第 4 卷，人民出版社 1995 年版，第 151 页。
② 毛泽东：《在接见出席中国新民主主义青年团第三次全国代表大会的全体代表时的讲话》，《新华半月刊》，1957 年第 12 号，第 57 页。
③ 《邓小平文选》第 3 卷，人民出版社 1993 年版，第 310 页。

政治意识、大局意识、核心意识、看齐意识，自觉在思想上政治上行动上同以习近平同志为核心的党中央保持高度一致，确保每一个党组织和每一名党员都要坚决服从以习近平同志为核心的党中央的集中统一领导。

（二）讲政治，最根本的就是坚持党的领导

毛泽东同志有一句名言："领导我们事业的核心力量是中国共产党，指导我们思想的理论基础是马克思列宁主义。"[①] 中国共产党96年革命、建设和改革的实践证明，离开中国共产党的领导，一事无成。没有共产党就没有新中国；没有共产党，就没有社会主义；没有共产党，就没有中国特色社会主义。党政军民学、东西南北中，党是领导一切的。坚持党的领导，最重要的是维护党中央的权威。如果党中央没有权威，党的理论和路线方针政策可以随意不执行，大家各自为政、各行其是，党就会成为各行其是的"私人俱乐部"，党的领导就会成为一句空话，党就会成为一盘散沙。

我们中国社科院也是如此。我曾经讲过，社科院绝不是"自由撰稿人"的松散联盟，不能想写什么就写什么、想说什么就说什么、想干什么就干什么，作为党中央直接领导的阵地、重镇、殿堂和智库，必须牢固树立"四个意识"，自觉接受党的领导，按照党的要求、党的主张办事，向党中央看齐，向习近平总书记看齐，做坚持和加强党的领导的坚定维护者。

在我院加强党的领导，就要落实到坚持党委领导下的所长负责制这一根本制度上。党委领导下的所长负责制，是保证我院听党中央的话，听习近平总书记的话，保证党对哲学社会科学领导的制度

---

① 毛泽东：《中华人民共和国第一届全国人民代表大会第一次会议开幕词》，《人民日报》1954年9月16日。

性安排。现在我院绝大多数领导干部对这个根本制度的认识已经有了很大提升，加强党对哲学社会科学领导的意识不断增强，但仍存在一些问题。总的问题还是对加强党的领导重视不够，贯彻党委集体领导下的所长负责制不到位。在座的"关键少数"一定要提高加强党的领导的自觉性，把巩固党委领导下的所长负责制作为政治大事来抓，进一步解决党委领导下所长负责制的制度落实问题。

（三）牢固树立政治意识，提高自身的政治能力

"四个意识"，第一个意识就是政治意识。牢固树立政治意识，就必须讲政治。所谓讲政治，就是牢记党的政治理论、政治方向、政治路线、政治立场、政治纪律，保持坚定的政治定力，提高自身的政治能力；就是一切从政治上看问题、把握政治形势、认清政治方向、驾驭政治局面、净化政治生活，具有团结一切的博大胸怀和防范政治风险的水平和能力。习近平总书记要求我们领导干部，提高政治能力，必须做到：一要勇于自我革命。勇于自我革命是我们党最鲜明的品格，也是我们党最大的优势。要始终保持革命精神、斗争精神，发扬将革命进行到底的精神，敢于斗争、善于斗争。自我革命，就是敢于革自己的命，敢于向自己的缺点错误开火，不能"马克思主义手电筒只照别人，不照自己"，不能"老鸦落在猪身上，只笑猪黑，忘了自己也是黑的"。绝不能只批评别人，不批评自己，只对别人开火，不对自己开火。领导干部要勇于承认错误并纠正错误，要有缺点克服缺点、有问题解决问题，以勇于自我革命的精神打造和锤炼自己。二要加强自律。习近平总书记指出，没有任何外部力量能够打垮我们，能够打垮我们的只有我们自己。领导干部必须加强自律、慎独慎微，不断提高自我净化的过硬本领，不断增强政治定力、纪律定力、道德定力、抗腐定力，始终不放纵、

不越轨、不逾矩。三要同特权思想和特权现象作斗争。习近平总书记要求领导干部要从自身做起、从身边人管起，构筑起预防和抵御特权的防护网。同时也要防范被利益集团"围猎"。四要担负起政治责任和领导责任。习近平总书记要求各级党的领导干部要有责任担当意识，要敢于面对矛盾，善于解决问题、抓好落实；要以身作则、率先垂范，切实把政治能力体现在责任担当之中。

党组要求在座的"关键少数"，要按照习近平总书记的要求，做到自我革命，加强自律，反对特权，敢于担当，不当两面派，不做两面人，表里如一，上下一致，做一个老老实实的干实事的人。

第三个问题，严格遵守纪律，把纪律和规矩挺在前面

有没有纪律意识，守不守纪律是讲不讲政治的重要表现。毛泽东同志讲过："加强纪律性，革命无不胜。"[①] 中国共产党是一个有组织、讲纪律的马克思主义政党，具有严明的纪律和规矩。没有规矩不成方圆，不讲纪律，散沙一盘。旧中国屡屡被列强所欺侮、所打败，其中一个重要原因，就是没有一个纪律严明的马克思主义政党把全国老百姓组织起来。我们党取得革命、建设、改革的伟大胜利，正是因为我们党是有铁一般纪律的马克思主义政党。党的十八大以来，以习近平同志为核心的党中央把纪律和规矩，特别是把政治纪律和政治规矩挺在前面，提出了加强政治纪律、组织纪律、廉洁纪律、群本纪律、工作纪律、生活纪律六大纪律建设的要求，从纪律特别是从政治纪律抓起，全面从严治党。党组按照中央的要

---

① 《毛泽东文集》第5卷，人民出版社1996年版，第194页。

求，结合我院实际，重点抓了政治纪律、组织纪律、财经（廉洁）纪律"三项纪律"建设，并且按照中央的要求，抓纪律建设切实抓严抓细抓落实，从"关键少数"抓起。应该说，通过狠抓纪律建设，全院人员特别是领导干部纪律意识有很大提升，纪律状况有很大好转，治党管院正在由"宽松软"向"严实硬"转变，推动了全院科研工作和各项工作不断上新台阶。但站在全面从严治党的高度来看，还有不少差距，某些"关键少数"的深层次的思想问题还没有彻底解决，纪律意识还没有牢固树立起来，违规违纪的问题还时有发生。

去年有两件事情引起了党组的高度警觉。**第一件事是，有的领导干部在会议和请销假纪律执行方面还存在一些问题，个别领导干部遵守纪律的状况不容乐观**。有的所局长反映院里的会议太多，建议精简会议。这个意见很好，党组高度重视，深入调研，采取措施，下决心解决好会风问题。调查显示，开会最多的是党组成员：每周两次例会，一是督办例会，二是创新协调例会，党组大部分成员参加；每周一次党组会，这也是必开的。同时党组成员还要参加中央、国务院召开的各类会议，有些会议属于每周必开的例会。参会第二多的是职能部门的主要负责同志，要出席每周的工作例会和党组要求列席的会议，参加院举办的全院性会议。参会第三多的才是所（院）和院属单位的主要负责同志。实事求是地讲，党组贯彻执行中央八项规定还是严格、认真的，会风问题有一定的好转。去年党组召开的全院性工作会议 24 次，包括年度工作会议、读书班、暑期专题会议、"八名"会议以及必要的工作部署方面的会，其他都是中央重要文件传达会议。除院工作会议、读书班、暑期专题会议和"八名"会议外，院召开的工作会议一般都严格控制在一个半小时到两个小时。调查还表明，各所（院）主要负责同志参加的会议，有些是职能部门召开的会议。针对调查发现的问题，党组要进一步加大会风的治理和整顿力度，精简会议，能不开的会就不开，能整合开的会就整合开，能开小会就不开大会，能一对一地到科研一线解决问题的就不再开会，对职能部门召开主要负责同志参加的会作出严格规定，一般情况下职能部门不能召开主要负责同志会议，必须召开的，一定报批。

这是问题的一个方面，然而在调查中也发现另一个方面的问题，即有个别领导干部分不清孰轻孰重、孰大孰小，经常请假不出席党组召开的会议，甚至有极个别的领导干部，去年参加院召开的会议只有 7 次，缺席 17 次，而穿梭于外地或出国达 70 天以上，这当然是一个很突出、极个别的例子。这是第一个特例。第二个特例是去年年底召开的"八名"工作会和期刊工作会，会议很重要，只开一天。但很多所长请假，甚至有个别单位所长根本不请假就缺席会议，在当天下午召开的期刊工作会议上，不少所长不辞而别，连编辑部主任都跑了一半。第三个特例是今年院工作会议，第二天的闭幕会，居然有个别所局干部没有请假而缺席会议。据现场统计，直到散会一直没有到会的有 11 个人。第四个特例是今年创新工程首席管理签约仪式。要与每位首席管理签约，请假的就有 11 个人，还有的没有请假就不来了，打电话催仍然没有到会。在会上我强调，培林同志讲话很重要，回去要立刻传达，马上落实。但据职能部门了解，有的单位工作人员反映，所领导开完会就出差了，所里工作人员既不知道会议精神，也不知道要落实什么工作。以上所列举例子说明，这些纪律松懈问题就发生在我院"关键少数"身上，可见从严管理、严肃会风、执行纪律方面还存在很大差距。

第二件事情，发生在今年年初的创新岗位准入审报和审核工作中，个别首席管理履行责任不到位，甚至缺位。 今年创新岗位准入审报审核工作总体是好的，绝大多数首席管理是敢于负责、严格准入的，经过严格把关，有86人因三年没有发表一篇核心期刊文章而不能继续享有创新报偿。但也暴露出了一些问题，例如，全院第一轮创新工程创新岗位准入审报不容乐观，只有15家合格，42家存在这样那样的问题，经过两轮至三轮退回整改，最后还剩73人需要重新审核。这里有三种情况，一是因有些政策界限不清而导致审报不准确；二是有的首席管理和管理人员或不认真吃透文件，不按照文件规定审核，或"以其昏昏，使人昭昭"，或"糊涂官误判糊涂案"，错报、漏报、误报现象突出；三是明知不对而故意为之。有的为了照顾某人过关，当好人而"放水"；有的怕得罪人怕找麻烦而故意降低准入标准蒙混过关。有一位领导私下说，他知道本单位某某人不合格，但还是要报上去，如审不出来，就可以蒙混过去了，如果审出来，责任不在他，由院领导背黑锅，得罪人。诸如此类，不懂规矩、不讲规矩、突破规矩等问题，暴露了作为首席管理的"关键少数"心思没有放在创新工程管理上，存在管理"松软散"，缺位失责问题。

我讲过，创新工程是生命工程、希望工程、机遇工程、改革工程、爬坡工程，但不是福利工程、救济工程、平均工程。"蝼蚁之穴可溃千里之堤"，如果你"放一次水"，"我让一步"，事情虽小，但久而久之，创新工程的制度大堤就会被冲垮，生命工程就会毁于一旦。党组多次要求同志们千万不要患"制度淡忘症""制度衰减病"，千万不要当"好好先生""糊涂蛋官"，要敢于严格管理，扎紧纪律规矩的制度笼子，保证创新工程不垮台，不当搞垮创新工程的"罪人"！但有极个别同志还是对这些话置若罔闻，能不管就不管，能装糊涂就装糊涂，能"当好人"就"当好人"，能"放水"就"放水"，没有切实负起首席管理的责任来，从严管理不自觉、不到位。

通过以上这两件事情，党组见微知著，下决心从严从细从实管理，从"关键少数"抓起，把纪律和规矩挺在前面，这不仅十分必要而紧迫，且大有文章可作，有很多问题需要深度解决。党组研究，从两件小事抓起，一是重新制定所局领导干部出席重要会议和请销假管理规定，从"关键少数"的会议纪律和请销假制度抓起，严格纪律，从严管理，以此带动全院。二是制定出台落实创新工程准入审核首席管理责任制，从创新工程准入审核的首席管理这个第一责任人抓起，实行准入审核首席管理责任制。党组决心从以上这两件细节小事抓起，抓"关键少数"，抓严抓细抓实抓小，带动全院的纪律建设。会议期间张江同志和培林同志将代表党组就这两个管理规定作说明，向同志们提出要求。我希望在座的"关键少数"从我做起，从我抓起，把纪律和规矩挺在前面，加强纪律性，严格遵守纪律，做守规守纪的模范。我希望首席管理同志们一定要负起责任来，熟悉各项准入规定，严格执行各项制度，严守审核入口关，一律不准"开口子""放水"。这次又新编了《创新工程制度汇编》，请各位首席管理把它作为工作手册，认真研读，严格照办。让创新工程进一步制度化、固定化、规范化、刚性化，让全院执行制度、执行纪律更严格。

同志们！今年工作很多，时间很紧，任务很重，党组下决心把大家集中起来，学习马克思主义经典著作，学习习近平总书记重要讲话，机会难得。希望同志们珍惜时间，珍惜党组苦心，认真读书，认真听课，认真思考，认真研讨，认真守纪，尽可能地不要请假，坚持到底，必有所获。

谢谢大家！